Die Kunst des Stillens

Sylvia Brunn / Prof. Dr. med. E. Schmidt

DIE KUNST DES
STILLENS

Im FALKEN Verlag sind zahlreiche Eltern- und Gesundheitsratgeber erschienen.
Bitte fragen Sie in Ihrer Buchhandlung.

Unser Beitrag zum Umweltschutz:
Papier aus chlorfrei gebleichtem Zellstoff

Überarbeitete und neugestaltete Ausgabe
ISBN 3 635 60084 9

Umschlaggestaltung: Zembsch' Werkstatt, München
Gestaltung: Horst Bachmann
Redaktion dieser Ausgabe: Sabine Weeke
Titelbild: FALKEN Archiv/Ehrhardt
Fotos: FALKEN Archiv/Ehrhardt
Zeichnungen: Wally Löw, Hofheim-Wallau
Technische Realisierung: FROMM MediaDesign GmbH, Selters/Ts.
Druck: Konkordia Druck GmbH, Bühl/Baden

Die Ratschläge in diesem Buch sind von den Autoren und vom Verlag sorgfältig
erwogen und geprüft, dennoch kann eine Garantie nicht übernommen werden.
Eine Haftung der Autoren bzw. des Verlags und seiner Beauftragten für Perso -
nen-, Sach- und Vermögensschäden ist ausgeschlossen.

817 2635 4453 62

Inhalt

Vorwort

Dieses Buch haben wir für Mütter geschrieben, die gerne stillen möchten. Es soll der werdenden Mutter helfen, sich auf das Stillen vorzubereiten, und all denen, die schon zu stillen begonnen haben, als Ratgeber dienen. Einen Säugling mit der Flasche ernähren, das kann jeder. Stillen aber will gelernt sein. Wo aber soll eine Frau, die ihr erstes Kind erwartet, das Stillen lernen? Die Vorbilder zu Hause sind selten, in Schulbüchern steht kaum etwas über das Stillen, und selbst in der Schwangerenvorsorge oder in der Geburtsklinik fehlen nicht selten Zeit und Geduld, um eine Mutter beim Stillen anzuleiten. Am besten wissen eigentlich die Neugeborenen selbst Bescheid. Häufig verwehren es ihnen jedoch die Unerfahrenheit der Mutter oder die äußeren Umstände in der Klinik nach der Geburt, sich verständlich zu machen. Mit dem vorliegenden Buch wollen wir versuchen, Sie gründlich und umfassend zu informieren. Wir wollen durch unsere Informationen dazu beitragen, den Willen zum Stillen nicht erlahmen zu lassen, falsche Informationen und Ratschläge, die das Stillen beeinträchtigen, zu widerlegen und Ih-

nen in unerwarteten Situationen wenigstens so lange zu helfen, bis das Gespräch mit dem vielleicht gerade nicht erreichbaren Arzt, der Hebamme, einer Stillberaterin, dem Partner oder auch einer stillerfahrenen Freundin hergestellt ist. Dies ist keine Anleitung für das gesamte Gebiet der Säuglingspflege. Dieses Buch berührt nur Fragen, die mit dem Stillen zusammenhängen. Wir werden den Stillvorgang erläutern, die Vorteile des Stillens deutlich machen und uns auch mit möglichen Nachteilen der Muttermilchernährung auseinandersetzen. Vor allem geht es uns aber um die praktische Anleitung zum Stillen in der Klinik, zu Hause, aber auch im Rahmen der Familie, der Berufstätigkeit und auf Reisen. Wir erläutern in diesem Buch zwar auch Abweichungen vom normalen Stillverlauf, verzichten aber auf die Darstellung krankhafter Zustände bei Mutter und Kind. Wo sie zur Information erwähnt sind, ist auf die Zuständigkeit des behandelnden Arztes verwiesen. Das Stichwortverzeichnis am Ende des Buches gibt dem Leser die Möglichkeit, Erläuterungen zu ganz bestimmten Problemkreisen schnell zu finden.

Das Buch will gerade auch den Müttern Mut zum Stillen machen, die es sich nicht zutrauen oder die sich an manchen Vorbehalten gegenüber der Muttermilch stoßen.

Wir hoffen, daß Sie in diesem Buch guten Rat finden!

Sylvia Brunn
Gründerin der
Arbeitsgemeinschaft
Freier Stillgruppen

Eberhard Schmidt
Facharzt für Kinderheilkunde

Das Stillen

Sie würden dieses Buch wahrscheinlich nicht lesen, wenn Sie sich nicht darauf vorbereiten wollten, Ihr Kind zu stillen. Sie wissen sicher schon selbst, daß Muttermilch die beste Nahrung ist, die Sie Ihrem Kind in den ersten Lebensmonaten geben können. Stillen hat viele Vorteile gegenüber der Flaschennahrung, sowohl für das Kind als auch für die Mutter.

seine Bedürfnisse abgestimmt sind und die noch unreifen Stoffwechsel- und Organfunktionen nicht überfordern. Stillen ist die natürliche Fortsetzung der Ernährung durch die Nabelschnur.

▶ bekommt eine Nahrung, die immer frisch, in der richtigen Temperatur und frei von krankmachenden Keimen seinen Hunger und seinen Durst stillt.

Vorteile für das Kind

Ihr Kind

▶ erhält mit Ihrer Milch wertvolle Abwehrstoffe (Antikörper) gegen verschiedene Krankheitserreger, mit denen Sie sich im Laufe Ihres Lebens auseinandergesetzt haben. Diese Antikörper richten sich gegen die Keime aus Ihrer gemeinsamen Umwelt. Sie schützen den Säugling vor Infektionen, solange er noch kein eigenes Abwehrsystem aufgebaut hat. Ein Vorteil, der nicht künstlich nachgeahmt werden kann.

▶ wird mit Nähr- und Wirkstoffen versorgt, die in Menge und Zusammensetzung optimal auf

Vorteile für die Mutter

Sie, die Mutter,

▶ werden erleben, wenn auch nicht immer gleich am Anfang, daß Stillen die einfachste, schönste und bequemste Art ist, ein Säugling zu ernähren. Es ist außerdem billiger und spart Ihnen und der Familie, auf lange Sicht gesehen, Zeit und Arbeit.

▶ werden merken, daß sich Ihre Gebärmutter schneller auf ihre ursprüngliche Größe zurückbildet.

▶ werden feststellen, daß Sie Ihr ehemaliges Körpergewicht vor der Schwangerschaft eher wieder erreichen.

Dies sind bewiesene Vorteile. Hier muß natürlich gesagt werden, daß es viele junge Mütter gibt, die trotz guter Absicht und mühevoller Versuche, ihr Kind zu stillen, es bald wieder aufgeben. Ihnen sei ausdrücklich gesagt, daß die gesundheitlichen Vorteile des Stillens unter den hygienischen Lebensbedingungen unserer westlichen Welt zwar wichtig, aber nicht lebensnotwendig sind. Sie fallen zwar bei einigen Säuglingskrankheiten ins Gewicht; hier ist aber die moderne Medizin fast immer in der Lage, die Nachteile der künstlichen Säuglingsnahrung, wenn sie sich wirklich auswirken sollten, aufzufangen.

Die Bindung zwischen Mutter und Kind

Stillen wird auch immer in Verbindung gebracht mit einem engen und beglückenden Kontakt zwischen der Mutter und ihrem Kind. Die Suche nach dem frühen und engen Kontakt mit dem neugeborenen Kind – ein wenig auch der Versuch, sich durch die technisierte Geburtshilfe nicht verängstigen und von ihrem Kind trennen zu lassen – weckt beziehungsweise fördert das Bedürfnis zu stillen. Es kommt nicht von ungefähr, daß der erkennbare Wandel zum engeren Mutter-Kind-Kon-

takt in den geburtshilflichen Kliniken die Stillfreudigkeit hebt.

All denen, die sich auf das Stillen freuen und aus irgendeinem Grunde nicht das erreichen, was sie sich erhofft haben, sei hier noch einmal ausdrücklich gesagt: Auch wenn Sie nicht stillen, steht dem engen Kontakt zwischen Ihnen und Ihrem Kind nichts im Wege. Das Vorurteil, daß Mütter, die ihre Kinder mit der Flasche füttern müssen, schlechtere Mütter seien als diejenigen, die ihr Kind stillen, läßt sich nicht aufrechterhalten. Manche Behauptungen über die vorteilhaftere Entwicklung gestillter Kinder in bezug auf ihren Charakter oder sogar ihre Intelligenz halten kritischer Durchleuchtung nicht stand.

Aber Sicherheit und Urvertrauen können dem Kind am besten und einfachsten durch Stillen vermittelt werden.

Stillen: ein Lernprozeß für beide

Stillen ist ein Lernprozeß. Das ist vielleicht die wichtigste Erkenntnis, wenn Sie das Stillen planen.

Lernen muß man es von anderen, man kann es nur bis zu einem gewissen Grade aus sich selbst heraus.

▶ Vielleicht haben Sie ein Vorbild, indem Sie miterlebt haben, daß Ihre Mutter jüngere Geschwister oder Ihre ältere Schwester ihr erstes Kind gestillt habt. Solche Vorbilder sind heute recht selten.

▶ Vielleicht haben Sie Informationen und Anregungen in den einschlägigen Zeitschriften gesammelt.

▶ Vielleicht haben Sie auch das Glück, in der Schwangerenvorsorge, im Mütterkurs oder in einer Stillgruppe bereits auf das Stillen vorbereitet worden zu sein.

Aber wenn Ihr Kind geboren ist, wird es ernst!

▶ Ihr wichtigster Lehrmeister ist Ihr Säugling! Er hat schon einige Fertigkeiten, wie Suchen nach Nahrung, Saugen und Schlucken, mitgebracht. Aber er selbst muß noch einiges dazulernen, und vielleicht ist er nicht sofort „in Form", Sie in die Geheimnisse der Stillkunst einzuweihen.

▶ In den ersten Tagen kommt den Hebammen und Kinderschwestern eine wichtige Rolle zu, denn zwei Dinge sind für Sie als Mutter entscheidend: Anleitung und Zuspruch. Aber nicht jede Hebamme und Schwester ist gleichermaßen die ideale Beraterin für Sie. Halten Sie

Ausschau, bei wem Sie sich am besten aufgehoben fühlen, und heben Sie Ihre Fragen ein bißchen mehr für diese Hebamme oder jene Schwester auf.

▶ Fragen Sie auch Ihren Frauenarzt und später Ihren Kinderarzt. Vielleicht verläßt sich einer schon einmal auf den anderen, und beide wissen nicht, daß Sie Sorgen haben. Haben Sie einfach Mut, alles zu fragen!

▶ Wenn Sie mit Ihrem Kind zu Hause sind, bleibt der Kinderarzt ein wichtiger Ratgeber. In Stillselbsthilfegruppen können Frauen voneinander lernen, mit kleinen und großen Schwierigkeiten fertigzuwerden. Erfahrene Beraterinnen helfen ihnen bei praktischen Fragen des Stillens.

Verzweifeln Sie nicht, wenn nicht alles gleich so gut geht, wie Sie es erhofft haben. Es braucht einige Tage, ja manchmal einige Wochen, bis Sie sich Ihrer Sache sicher sind. Viel Selbstvertrauen ist dazu notwendig, das Ihnen am besten die Menschen Ihrer Umgebung vermitteln können.
Vielleicht der wichtigste Vertraute ist der Vater des Kindes. Mehrere Untersuchungen haben erwiesen, daß die Einstellung des Vaters zum Stillen, seine Geduld und Ermunterung von großer Bedeutung für Ihren Stillerfolg sind

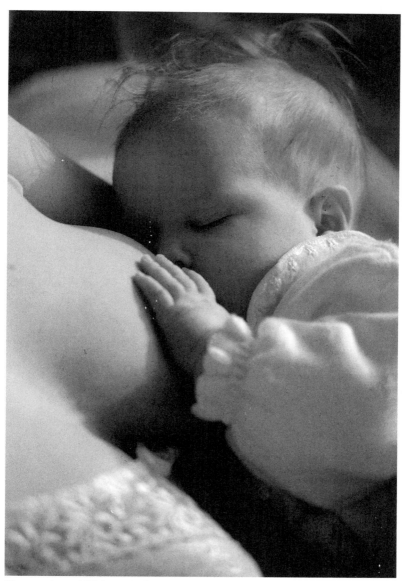

Harmonie und Nähe zwischen Mutter und Baby

und die Milch besser fließen lassen. Stillen ist also eine Erfahrung für die ganze Familie.

Aber auch wenn Sie alleinstehend sein sollten und sich Sorgen machen, Ihrem Kind über all den Pflichten, die Ihnen allein obliegen, gerecht werden zu können, kann gerade das gemeinsame Stillenlernen, abgesehen von den gesundheitlichen Vorteilen für Sie beide, eine wichtige Basis für eine gute Beziehung zwischen Ihnen und Ihrem Kind werden.

Zum Stillen gehören also sicher zwei, eher aber drei. Die Kunst zu stillen ist eine Kunst des Zusammenspiels zwischen Kind und Mutter, ermutigt durch den Vater. Wo es nicht gleich klappt, wird es mit Geduld und Probieren sicher gelingen.

Muttermilch: Bildung, Zusammensetzung und Wirkung

Die Veränderungen der Brust in der Schwangerschaft

Veränderung der Milchdrüsen

Während der Schwangerschaft wird die Brust auf das Stillen vorbereitet. In der Pubertät bereits hat sich die Anlage der Milchdrüse so weit entwickelt, daß zahlreiche Milchgänge aussprossen und viele einzelne kleine Milchdrüsenanlagen, in läppchenähnlichen Gebilden zusammengefaßt, die Gesamtheit des Milchdrüsenkörpers ausmachen. Schon zwischen den Regelblutungen nimmt die Brust bei vielen Frauen in der jeweils zweiten Hälfte des Zyklus unter der Einwirkung der Eierstockhormone an Größe zu, da sie stärker durchblutet und dadurch das Brustgewebe etwas aufgelockert wird.

Tritt aber eine Schwangerschaft ein, so wird diese Veränderung fortgesetzt. Äußerlich wölbt sich die Brust weiter vor, die Grundfläche wird größer. Mit der Größenzunahme der Brust geht ein Spannungsgefühl einher. Es können Dehnungsstreifen an der Brust auftreten, die bläulich-rot sind, ähnlich wie sie auch an der Bauchhaut entstehen.

Die Brustwarze wird größer, der sie umgebende Warzenhof verfärbt sich etwas ins Bräunliche. Die Brustwarze kann durch mechanische Reize stärker aufgerichtet werden, sie ist empfindlich.

Innerhalb der Brustdrüsen werden die Produktionsstätten für die Milchbildung nun richtig ausgebaut. Es entwickeln sich größere Drüsenfelder voller Drüsenläppchen, die von außen als knollige Schwellungen zu tasten sind. Die Menge des Fett- und Bindegewebes geht auf Kosten der Milchdrüsenfelder zurück. In den einzelnen Zellen einer jeder Drüse wird die um die Geburt langsam einsetzende Milchproduktion, mikroskopisch schon erkennbar, vorbereitet.

Die Aufbauleistung während der Schwangerschaft steht im wesentlichen unter dem Einfluß jener Hormone, die der Mutterkuchen (Plazenta) absondert. In den letzten drei Monaten der Schwangerschaft läßt die Ansprechbarkeit der Brustdrüse auf diese Hormone nach, der Wachstumsprozeß der Brust ist dann annähernd beendet. Bereits im Verlauf der Schwangerschaft steigt aber auch der Gehalt des Milchbildungshormons, des Prolaktins, allmählich an und erreicht um die Geburt im Blut der Mutter das Zwanzigfache der Konzentration vor der Schwangerschaft.

Bei vielen Frauen sondert die Brust bereits in den letzten Wochen der Schwangerschaft schon geringe Mengen sogenannter Vormilch ab.

Veränderungen der Brust

Die Größe der Brust vor der Schwangerschaft steht in keiner Beziehung zum späteren Stillerfolg. Die Fähigkeit, Milch zu bilden, hängt von der Menge des Drüsengewebes ab. Dies kann in kleinen Brüsten sogar besser entwickelt sein als in manch großen, fleischigen Brüsten, die vorwiegend aus Fett- und Bindegewebe bestehen.

Schematische Darstellung der Entwicklung der Milchdrüsen

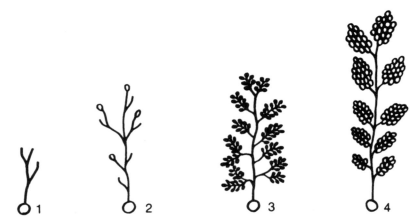

Diese Abbildung gibt schematisch die Veränderungen an einem Milchgang von der Kindheit bis zur Milchbildung wieder:

1. *Milchgang ohne Drüsenbläschen beim Kind*
2. *Pubertät: Wachstum des Ganges, unterste Entwicklung von Drüsenbläschen*
3. *Schwangerschaft: Aussprossen von Drüsenläppchen*
4. *weiteres Aussprossen von Drüsenläppchen, in denen die Milchbildung durch den Saugreiz des Kindes ausgelöst wird*

Einsetzen der Milchbildung

Das entscheidende Signal für den Beginn der eigentlichen Milchbildung ist das Ausstoßen der Plazenta (Mutterkuchen) nach der Geburt und damit das Absinken der von ihr gebildeten Hormone im Blut der Wöchnerin.

Der Beginn der eigentlichen Milchproduktion ist auf das engste gekoppelt an das erste Saugen des Kindes (siehe auch Seite 23). Durch konsequentes Anlegen an die Brust erreicht der Säugling durch sein Saugen, daß schon innerhalb von zwei bis drei Tagen die für seinen Bedarf notwendige Menge an Milch gebildet wird. Die Brüste schwellen spürbar an; aufgrund der vermehrten Durchblutung entsteht eine deutliche Venenzeichnung mit Rötung und Erwärmung. Manchmal macht sich ein schmerzhaftes Spannungsgefühl bemerkbar, und die Körpertemperatur steigt an. Auch können zusätzlich einige versprengt entstandene Milchdrüsen bis in die Achselhöhle anschwellen.

Durch frühzeitiges und konsequentes Anlegen des Säuglings an die Brust kann meistens ein plötzlicher, mit Schmerzen und einem erschwerten Milchfluß verbundener „Milcheinschuß" verhindert werden.

Die ersten Tage nach der Geburt

Die Milchsekretion

Die Milchsekretion, das Fließen der Milch, wird durch den Säugling selbst gesteuert. Der Saugreiz löst über bestimmte Nervenbahnen die Entstehung des Milchbildungshormons (Prolaktin) einerseits und des Milchausscheidungshormons (Oxytozin) andererseits aus. So entsteht eine sinnvolle Produktions- und Abnahmegemeinschaft zwischen der Mutter und ihrem Säugling. Sie kann durch Inanspruchnahme der Saugkraft durch Flaschennahrung oder Schnuller ihres „Anlassers" verlustig gehen und damit den Stillerfolg gefährden.

Veränderung der Muttermilch in den ersten Tagen

In den ersten fünf Tagen nach der Geburt wird eine sogenannte Vormilch (Kolostrum) abgesondert. Die Milch vom fünften bis zum fünfzehnten Tag wird Übergangsmilch genannt; erst danach gilt die Muttermilch als „reif" und unterliegt im Verlauf der Stillzeit nur noch wenigen wesentlichen Veränderungen.

Vormilch – Übergangsmilch

Obwohl nur in kleinen Mengen abgesondert, ist die Vormilch von großer Bedeutung.
Sie ist besonders reich an speziellen Abwehrstoffen (Immunglobuline Typ A), die gegen alle jene Krankheitserreger gerichtet sind, mit denen sich die Mutter im Verlauf ihres Lebens auseinandersetzen mußte und gegen die sie selbst Abwehrstoffe gebildet hat. Vormilch ist aber auch reich an weißen Blutkörperchen, von denen einige selbst noch Abwehrstoffe bilden, andere aber in der Lage sind, Krankheitserreger und allergisierende Nahrungsmittelbestandteile in ihren Zellleib aufzunehmen und dort zu vernichten. Die weißen Blutkörperchen sind auch in der Lage, eine Reihe von Abwehrvorgängen, die der Körper der Mutter erlernt hat, an den Neugeborenen weiterzugeben.
Im Gegensatz zur späteren, reifen Muttermilch ist die Vormilch sehr reich an Eiweißstoffen. In der Übergangsmilch verringert sich der Eiweißgehalt, und die Zahl der weißen Blutkörperchen geht erheblich zurück. Einzelheiten der Zusammensetzung und besondere Eigenschaften der Muttermilch seien am Beispiel der reifen Muttermilch erläutert.

Die reife Muttermilch

Reife Muttermilch: „maßgeschneidert" für die Bedürfnisse des Säuglings

In der Entwicklung der Tierarten ist die arteigene Milch eine wichtige Voraussetzung für den Fortbestand. Ist sie doch bis in feinste Einzelheiten auf die besonderen Belastbarkeiten des Verdauungsapparates, der Nährstoffverwertung und der Ausscheidungsorgane zugeschnitten. Die Milch einer Art – und das gilt genauso für den menschlichen Säugling – ist aber nicht nur in der Zusammensetzung der Nährstoffe auf den Bedarf für Wachstum und Organfunktion eingestellt, die Milch enthält auch eine ganze Reihe von hochwirksamen Abwehrstoffen gegen Krankheitserreger, mit denen sich die Mutter auseinandersetzen mußte und die sie nun durch die Milch an ihren Säugling weitergeben kann. Damit ist der junge Säugling gegen all jene Krankheitserreger geschützt, die ihm sonst im Kreise seiner Familie, also dort, wo er leben wird, gefährlich werden könnten.
Die Muttermilch ist also „maßgeschneiderte" Nährstoffquelle und wirksamer Infektionsschutz.

Muttermilch als Nährstoffquelle

Im Hinblick auf die Nährstoffversorgung ist Muttermilch einmalig in ihrer Kombination von Eiweiß, Fett und Kohlenhydraten, ebenso von Wirkstoffen wie Vitaminen und Mineralsalzen. Die Zusammensetzung der Nährstoffe in der Muttermilch ist jedoch nicht konstant. Sie verändert sich während einer Brustmahlzeit und auch innerhalb der Stillperioden eines Tages. Der Energiegehalt (das heißt: Kalorien- beziehungsweise Joulegehalt) und der Nährstoffgehalt können dabei in Abhängigkeit von der Ernährungsweise der Mutter erheblich schwanken.

Eiweiß, Fett und Kohlenhydrate

Milcheiweiß setzt sich zusammen aus Molkeneiweiß (Lactalbumin) und Casein. In der Muttermilch überwiegt das Molkeneiweiß, während die Kuhmilch hauptsächlich aus Casein besteht, einem Eiweißstoff (Protein), der im Magen des Säuglings großflockig gerinnt und dadurch schwerer verdaulich ist.

Selbst wenn heute mit modernen Verfahren versucht wird, die Milcheiweißkomponenten künstlicher Säuglingsnahrungen denen der Muttermilch anzugleichen, so unterscheidet sich der Feinaufbau der Proteine doch ganz wesentlich.

Reife Muttermilch ist arm an Eiweiß. Muttermilcheiweiß ist im Hinblick auf seine Bausteine (Aminosäuren) so sehr auf die Bedürfnisse des Säuglings zugeschnitten, daß ein Mehr an Eiweiß oder Eiweißbausteinen nicht erforderlich ist. Dies hat seine Vorteile: Wird dem Körper Eiweiß angeboten, so belasten die Endbausteine seines Abbaus die Niere, durch die sie ausgeschieden werden. Die Nieren gestillter Kinder werden durch solche Ausscheidungsprodukte nur geringfügig belastet. Bestimmte Eiweißbausteine, die zum Beispiel in der Kuhmilch vorhanden und für das Zustandekommen von Allergien verantwortlich sind (Betalaktoglobulin), kommen in der Muttermilch überhaupt nicht vor.

Muttermilcheiweiß enthält dagegen eine Reihe von Eiweißklassen, die in der Abwehr von Krankheitserregern eine wichtige Rolle spielen. Die meisten dieser Eiweißklassen sind in der Kuhmilch nicht enthalten, und wenn sie darin vorkommen, so richten sie sich nicht gegen jene Krankheitserreger, die aus der Umwelt des Säuglings, sondern gegen jene, die aus der Umwelt der Kuh stammen, die aber für den menschlichen Säugling keine Krankheitserreger sind. Auf die Bedeutung der Abwehrstoffe im Eiweiß der Muttermilch für die Gesundheit des Kindes gehen wir noch ein.

Muttermilchfett wird schon vom ganz jungen Säugling besser aus dem Darm aufgenommen als das nach modernsten Gesichtspunkten dem Muttermilchfett nachgearbeitete Fett in industriell hergestellten Flaschennahrungen.

Muttermilchfett enthält mehr als 150 unterschiedliche Bausteine (Fettsäuren), von denen bisher nur ein kleiner Teil nach Ursprung und biologischer Wirkung bekannt ist. Nur etwa ein Dutzend dieser Bausteine des Muttermilchfettes können im Hinblick auf ihren Gehalt in den Flaschennahrungen nachgeahmt werden.

Die wichtigsten Fettbausteine (Triglyzeride) werden im Darm des Säuglings in einer Weise zerlegt, die ihre fast vollständige Aufnahme durch die Darmwand möglich macht. Muttermilchfett ist im Vergleich zum Kuhmilchfett um ein Vielfaches reicher an der für den Säugling lebenswichtigen Linolsäure. Ihr kommt eine besondere Rolle in der Ankurbelung von Abwehrreaktionen im Verlaufe von Infektionen zu.

Muttermilchfett enthält einen fettspaltenden Stoff (Lipase), der in Flaschennahrungen völlig fehlt. Er bringt die Fettverdauung beim gestillten Säugling rascher in Gang als beim flaschenernährten.

Das Fett der reifen Muttermilch liefert fast die Hälfte der Kalorien einer Mahlzeit. Beim Stillvorgang bekommt das Kind zuerst eine dünnflüssige Milch zu trinken, die seinen Durst stillt, und erst bei weiterer Milchabgabe wird sie fettreicher und sättigend.

Die Fettkonzentration der Milch wird jedoch von den Eßgewohnheiten der Mutter beeinflußt, so daß der Energiegehalt der einzelnen Mahlzeiten schwanken kann. In seltenen Fällen ist der Fettgehalt der Muttermilch insgesamt zu niedrig, wodurch das Kind an der Brust nicht gedeiht.

Kohlenhydrate der Muttermilch: Im Vergleich mit allen künstlichen Nahrungen enthält die Muttermilch etwa vierzigmal mehr sogenannte Mehrfachzucker-Verbindungen, deren Wirkung noch wenig bekannt ist. Sie spielen eine Rolle als „Virusfallen", sie sind Nährstoffe für „erwünschte", das heißt erforderliche Darmbakterien, verhindern aber gleichzeitig das Angehen aller jener Darmbakterien, von denen aus unter Umständen eine Reihe von Infektionen drohen kann.

Im übrigen enthält Muttermilch viel Milchzucker, einen Zweifachzucker, der in der Wand des Darmes gespalten wird. Aus Gründen, die nicht genau bekannt sind, wird der Milchzucker aus Muttermilch langsamer in seine beiden Teile (Galaktose und Glukose) zerlegt als Milchzucker aus Flaschenmilchnahrung. Die Folge ist, daß der Zucker im Blut des Säuglings nach einer Mahlzeit nur langsam ansteigt und auch langsam wieder abfällt. Ein flacher Zuckeranstieg im Blut lockt nur wenig Insulin. So spricht vieles dafür, daß der Insulinhaushalt des gestillten Kindes weniger beansprucht wird als der des flaschenernährten Kindes.

Auch die Kohlenhydrate in der Muttermilch unterscheiden sich also von denen, die bei Flaschenernährung zugeführt werden: Für die Gesundheit des gestillten Kindes sind die Mehrfachzucker in ihren Wechselbeziehungen zu den Bakterien des Darmes von großer Bedeutung. Die niedrigen Blutzucker- und Insulinanstiege im Blut des gestillten Säuglings nach der Mahlzeit und ihr flaches Abklingen können günstige Auswirkungen auf das Appetitverhalten des Kindes haben.

Wirkstoffe – Mineralsalze

Vitamine: Muttermilch enthält alle für den Säugling wichtigen Vitamine, wenn sich die Mutter gesund und abwechslungsreich ernährt. Im ersten Halbjahr ist er ausreichend mit diesen Wirkstoffen versorgt. Allerdings muß auch gestillten Kindern zusätzlich Vitamin D (täglich in Form einer Tablette oder von Tropfen) gegeben werden, um in unseren sonnenarmen Breiten Rachitis, eine Verkalkungsstörung der Knochen aufgrund von Vitamin-D-Mangel, vorzubeugen.

Da bei vollgestillten Neugeborenen in den ersten Lebenstagen durch Vitamin-K-Mangel Blutgerinnungsstörungen und als deren Folge (Hirn-)Blutungen auftreten können, wird heutzutage in den Entbindungskliniken jedem Brustkind vorsorglich Vitamin K in Spritzen- oder Tablettenform verabreicht.

Muttermilch ist sehr arm an Mineralsalzen. Sie verfügt darüber hinaus über besondere Träger für einzelne dieser Salze, die dafür sorgen, daß sie möglichst vollständig aus dem Darm in den Körper des Kindes gelangen. Für die Gesundheit des gestillten Kindes bedeutet die Mineralsalzarmut der Muttermilch eine Schonung der Nierenfunktion. Damit verfügen die Nieren über Ausscheidungsreserven im Krankheitsfall. Das bedeutet, daß gestillte Kinder immer dann, wenn sie im Verlauf einer Krankheit Wasserverlust erdulden müssen – so zum Beispiel bei Durchfall oder bei hohem Fieber –, seltener von einem gefährlichen Salzstau des Organismus bedroht sind als die mit mehr Salz versorgten flaschenernährten Säuglinge.

Der Eisengehalt der Muttermilch ist gering. Darum speichert der Fetus im letzten Schwangerschaftsdrittel einen Eisenvorrat in seiner Leber. Zusammen mit dem Eisenangebot aus der Muttermilch ist der Säugling für die ersten vier bis sechs Lebensmonate ausreichend mit Eisen versorgt. Danach kann der Eisenbedarf durch Muttermilch allein nicht mehr gedeckt werden, so daß zusätzliche Eisenquellen (Gemüse, Fleisch, Getreide) für die Ernährung wichtig werden.

Infektionsschutz durch Muttermilch

Daß die Muttermilch reich an speziellen Abwehrstoffen ist, die zu den Eiweißbausteinen gehören, ist schon lange bekannt. Nur glaubte man früher, diese Abwehrstoffe würden im Magen des Kindes zerstört und seien nichts als ein Luxus der Natur. Inzwischen hat sich gezeigt, daß gerade diese Eiweißbausteine nicht durch die Magensäure angegriffen werden, sondern ihre Wirkung ungehindert im Darm des Säuglings entfalten können.

Diese ganz spezifischen Abwehrstoffe der Muttermilch (die Immunglobuline Typ A) finden sich in besonders hoher Konzentration in der Vormilch der ersten Tage nach der Geburt. In der reifen Muttermilch sinkt ihr Anteil ab; da der Säugling aber sehr viel mehr reife Muttermilch trinkt, bleibt die tägliche Zufuhr an diesen wichtigen Abwehrstoffen in den ersten Monaten der Stillzeit etwa gleich.

Die Abwehrstoffe der Muttermilch richten sich gegen fast alle Krankheitserreger der Säuglingszeit, mit denen sich die Mutter im Verlauf ihres Lebens bereits auseinandergesetzt hat.

Die Abwehrstoffe der Muttermilch können Bakteriengifte im Darm unwirksam machen. Ähnliche Eigenschaften verschiedener Krankheitserreger führen dazu, daß die Abwehrstoffe der Muttermilch auch gegen eine ganze Reihe von Krankheitserregern wirksam sind, mit denen die Mutter nie zuvor Berührung gehabt hat. Gemeinsam mit anderen Abwehrfaktoren in der Muttermilch können die Abwehrstoffe allergieverursachende Nahrungsbestandteile vor der Aufnahme durch die Darmwand bewahren und sie unwirksam machen. Kinder aus Familien, in denen Allergien häufig sind, sollten deshalb unbedingt in den ersten sechs Monaten ausschließlich gestillt werden.

Im Hinblick auf die Gesundheit bedeuten die Abwehrstoffe in der Muttermilch, daß gestillte Kinder weniger infektanfällig sind als flaschenernährte. Diese Erkenntnis gilt nicht nur für fast alle Durchfallerkrankungen, sondern auch für Husten, Schnupfen, Bronchitis und andere Infektionskrankheiten, die nicht im Darm ausgelöst werden.

In den ersten Tagen nach der Geburt, solange Muttermilch noch nicht in ausreichender Menge zur Verfügung steht, sollte allergiegefährdeten Neugeborenen auf keinen Fall eine kuhmilchhaltige Fertigmilch zugefüttert werden. Wenn eine Nahrungsergänzung notwendig erscheint, kann (vom Arzt verordnet) eine Traubenzuckerlösung oder ein Nährstoffkonzentrat den Energie- und Flüssigkeitsbedarf vorübergehend decken. Inzwischen haben sich auch sogenannte hypoallergene Säuglingsnahrungen für die Zufütterung bewährt. Eine frühzeitige Sensibilisierung (Überempfindlichkeit) durch Kontakt mit Fremdeiweiß wird auf diese Weise vermieden.

Der Stillvorgang

Im Mittelpunkt: das Saugen des Säuglings

Die Entstehung der Milch und die Fähigkeit, sie abzusondern, beruhen auf einer Vielfalt von chemischen und psychischen Vorgängen, die eng ineinandergreifen. Dabei kommt dem Zusammenspiel mütterlicher und kindlicher Reaktionen die entscheidende Bedeutung zu.

Im Mittelpunkt des Geschehens steht das Saugen des Säuglings.

Es ist das Schlüsselgeschehen für den Stillerfolg! Sowohl auf der Seite des Säuglings als auch auf der Seite der Mutter gibt es reflexartige Geschehnisse, die die Milchbildung und die Milchausscheidung unterhalten, die sogenannten Stillreflexe.

Stillreflexe beim Kind: Suchen, Saugen, Schlucken

Um Nahrung aufnehmen zu können, ist das Neugeborene mit einer Reihe von Fähigkeiten ausgestattet, die als kindliche Stillreflexe bezeichnet werden:

- ▶ die Nahrungsquelle suchen,
- ▶ saugen und
- ▶ schlucken.

Diese Fähigkeiten entwickeln sich in der zweiten Schwangerschaftshälfte und erreichen beim gesunden Neugeborenen gleich nach der Geburt ihren ersten Höhepunkt (siehe auch Seite 55).

Das Saugen an der Warze stellt den wichtigsten Anreiz zur Milchbildung und die Vorbedingung zur Entleerung der Milchgänge in der Brust dar.

Stillreflexe bei der Mutter

Den kindlichen Fähigkeiten stehen jene mütterlichen Reaktionen gegenüber, die Milchbildung und Milchfluß gewährleisten. Sie werden als mütterliche Stillreflexe bezeichnet.

Der Milchbildungsreflex (Prolaktinreflex)

Das Saugen des Säuglings an der Brustwarze löst auf dem Weg über das Gehirn die Bildung und Abscheidung eines Hormons, des Prolaktins oder Milchbildungshormons, aus. Die Saugkraft, die Höhe des Milchbildungshormonspiegels und die gebildete Milchmenge stehen in mengenmäßiger Beziehung. Ohne Saugreiz also keine Hormonbildung und ohne Hormonbildung keine Milch.

Da der Säugling durch das Saugen die Milchbildung sozusagen „steuern" kann, besteht die Möglichkeit, ihn auch seinen Bedarf an Muttermilch selbst regulieren zu lassen. So lebt der Säugling in einem zuverlässig arbeitenden „Selbstbedienungssystem".

Nur muß darauf geachtet werden, daß seine Saugkraft nicht durch eingelegte Flaschenmahlzeiten oder durch einen Schnuller fehlgeleitet wird. Denn ohne Saugreiz an der Brustwarze wird keine Milch gebildet! Wer erfolgreich stillen will, muß alles daransetzen, die Einschiebung von Flaschenmahlzeiten zu verhindern.

Der Warzenaufrichtungsreflex

Die Aufrichtung der Brustwarze durch die Saugbemühungen des Kindes macht sie besser faßbar für das Auspressen der Milchgänge. Dieser Aufrichtungsreflex kann bei besonders flachen Warzen durch Massage schon vor der Entbindung trainiert werden, um die Warzen nach der Geburt faßbar zu machen und den Stillerfolg zu sichern (siehe auch Seite 83 f.).

Der Milchausscheidungsreflex (Oxytozinreflex oder „Let-down-Reflex")

Beim Saugen des Kindes werden feine Nervenenden in der Brustwarze gereizt, die ihre Meldungen ans Gehirn weitergeben. Die Hirnanhangdrüse produziert daraufhin, neben dem Prolaktin (dem Milchbildungshormon), in ihrem Hinterlappen das für die Ausscheidung der Milch wichtige Oxytozin. Es bewirkt, daß sich die muskelähnlichen Zellen, von denen die Drüsenläppchen und die kleinen Milchgänge umhüllt sind, zusammenziehen, und die Milch in die Ausführungsgänge gepreßt wird. Ohne die unterstützende Funktion des Oxytozinreflexes kann das Kind die Milch nicht aufnehmen. Seine Saugkraft allein würde nicht ausreichen, die Brust zu entleeren.

Oxytozin wirkt aber auch auf die Gebärmutter, die sich unter seiner Wirkung zusammenzieht (siehe auch Seite 27).

Auch die Nebenniere wird von der Hirnanhangdrüse „benachrichtigt" (ACTH) und hat über ihre Hormone einen gewissen Einfluß auf die Milchproduktion (Nebennierenrindenhormone). Die hormonellen Steuervorgänge zwischen Hirnanhangdrüse und Nebenniere auf der einen Seite und Brustdrüse auf der anderen Seite können durch seelische Vorgänge stark gefördert, aber auch gestört werden.

Bei gut funktionierendem Milchausscheidungsreflex kann mit seinem Einsetzen die Milch von selbst aus der Brust spritzen. Dann hat der Säugling Mühe, den sich in seinen Mund ergießenden Milchschwall zu schlucken. Bei manchen Müttern genügt oft der Anblick des Kindes, sein Schreien oder auch nur der Gedanke an die als beglückend erlebte Stillsituation, die Milch fließen zu lassen. Der Milchausscheidungsreflex ist andererseits leicht störanfällig. Durch psychische Belastungen kann er völlig blockiert werden. Für eine junge Mutter stellen aber schon Schmerzen im Wochenbett, die Trennung vom Kind nach der Geburt, reglementierte Fütterzeiten oder negative Äußerungen des Klinikpersonals seelische Erschütterungen dar, die den Milchfluß behindern.

Bei vielen Müttern ist der Stillerfolg in Frage gestellt, sobald sie mit ihrem Baby zu Hause sind. Unsicherheit im Umgang mit dem Kind, Zweifel an den eigenen Fähigkeiten, mangelnde Unterstützung von seiten der Angehörigen wirken störend auf das komplizierte Zusammenspiel der Hormone. Die Folge ist, daß das Milchangebot bald zurückgeht und der Säugling vor Hunger schreit.

Schon die alltäglichen Streßsituationen, denen jeder mehr oder weniger ausgesetzt ist, regen die Nebenniere an, verstärkt das Hormon Adrenalin zu bilden. Es hemmt unter anderem die Ausschüttung von Oxytozin und dessen Wirkung auf die Milchabgabe. Folglich staut sich die Milch in der Brustdrüse und, weil sie nicht entleert werden kann, bildet sich keine neue Milch nach.

Um erfolgreich stillen zu können, braucht die Mutter, neben einer richtigen Anleitung, Ermunterung und tatkräftige Hilfe aus der Umgebung, Ruhe während des Stillens und ausreichend viel Schlaf. Außerdem ist ein großes Maß an Geduld und Selbstvertrauen nötig, um den Stillerfolg zu sichern.

Rhythmus der Nahrungsaufnahme

Neugeborene und junge Säuglinge sollten nicht nach einem starren Stundenplan gestillt werden, sondern in dem von ihnen selbst gewählten Trinkrhythmus („Stillen nach Bedarf"). Hierfür gibt es mehrere Gründe:

▶ Sorgfältige Beobachtungen belegen, daß junge Säuglinge einen Tag-Nacht-Rhythmus, wie wir ihn kennen, erst noch ausbilden müssen. Ihre „innere Uhr" richtet sich in der ersten Zeit nach dem Hungergefühl. Wenn der Magen leer ist, wachen sie auf.

▶ Da Muttermilch leicht verdaulich und die Aufnahmekapazität des Magens noch gering ist, werden gestillte Babys schneller wieder hungrig. Im Normalfall verlangen sie alle zwei bis drei Stunden nach Nahrung. Kurzfristig können sich die Abstände zwischen den Mahlzeiten noch verringern.

▶ Für die meisten Mütter ist ein regelmäßiger Vier-Stunden-Rhythmus mit einer längeren Nachtpause nicht geeignet, ihre Stillfähigkeit zu entwickeln. Das Saugen des Kindes, das Signal zur Milchbildung, erfolgt zu selten. Dadurch wird zu wenig Milch produziert, und das Kind wird nicht satt.

▶ Es hat sich gezeigt, daß junge Säuglinge immer dann am kräftigsten saugen und am meisten trinken, wenn sie zum selbstgewünschten Zeitpunkt angelegt werden. Läßt man sie warten, weil sie noch nicht „dran" sind, werden sie nicht etwa hungriger, sondern sie trinken weniger! Das gilt insbesondere dann, wenn man sie längere Zeit schreien läßt. Dabei regt sich das Kind nicht nur auf, es verausgabt auch seine Kräfte. Es wird weniger saugen, und das bedeutet weniger Anregung für die Milchbildung.

▶ Die meisten Neugeborenen verlangen auch während der Nacht in den gewohnten Abständen ihre Mahlzeit. Wenn das Milchangebot reichlicher wird und der Säugling mehr trinkt, kann man auch langsam jener Nacht entgegensehen, in der er eine Nahrungspause einlegt und durchschläft. Manche Kinder können schon früh auf die nächtliche Mahlzeit verzichten (mit zwei bis sechs Wochen), andere behalten sie während der gesamten Stillzeit bei.

▶ Stillen nach Bedarf bedeutet für das Kind keineswegs, auch wenn es etwas rundlich wirkt, daß es durch zu viel Muttermilch überernährt wird. Die meisten gestillten Säuglinge bleiben schlank, denn sie wissen selbst, wann sie genug getrunken haben. Sie sind offenbar in der Lage, nicht nur die Milchmenge zu kontrollieren, sondern ihre Nahrungsaufnahme auch vom Energiegehalt (Kalorien) der Milch abhängig zu machen.

Stillen zur Förderung der Gesundheit der Mutter

Stillen bietet nicht nur Vorteile für die Gesundheit des Kindes, auch die Gesundheit der Mutter wird günstig beeinflußt. Vieles auf diesem Gebiet ist noch unbekannt. So weiß man noch nicht, was der durch den Saugreiz des Säuglings ständig erhöhte Blutspiegel des Milchbildungshormons Prolaktin für die Gesundheit der Mutter bedeutet. Über einige andere wichtige Dinge weiß man jedoch gut Bescheid.

Rasche Rückbildung der Gebärorgane nach der Geburt

Der Saugreiz des Säuglings führt auf dem Meldeweg über das Gehirn zur Ausschüttung von Oxytozin in das Blut. Wie schon erwähnt, veranlaßt Oxytozin die muskelähnlichen Zellen um die milchbildenden Drüsen, sich zusammenzuziehen und damit die Milch herauszudrücken. Oxytozin wirkt aber auch auf die Gebärmutter, die ja auch aus Muskelgewebe besteht und die sich rascher zu ihrer ursprünglichen Größe zurückbildet, als wenn nicht gestillt würde.

Das Saugen des Säuglings verursacht auf diese Weise ein Ziehen im Unterleib, das von vielen Frauen auch als eine sexuell angenehme Empfindung beschrieben wird. Der Wochenfluß kann bei stillenden Frauen ebenfalls abgekürzt werden, da die Gebärmutter sich rascher zu ihrer ursprünglichen Form zurückbildet.

Rückbildung des Körpergewichts der Mutter

Auch das Gewicht der stillenden Mutter geht schneller zurück. Dies hängt natürlich von vielen Faktoren, zum Beispiel auch von der Kalorienaufnahme der Mutter, ab.

Größere Untersuchungen haben jedoch gezeigt, daß sich das Gewicht bei stillenden Müttern im Durchschnitt schneller normalisiert. Von Hungerkuren in der Stillzeit, um schnell abzunehmen, ist aber unbedingt abzuraten (siehe auch Seite 38).

Wie lange soll gestillt werden?

Von der Entwicklung des Kindes her bietet es sich an, vier bis sechs Monate ausschließlich zu stillen, dann mit dem langsamen Zufüttern zu beginnen, ab dem zehnten bis zwölften Monat weiter abzustillen und damit das Kind an die Familienkost heranzuführen (siehe auch Seite 32). Zusätzlich zu einer ausgewogenen Tischkost können Sie natürlich weiter stillen, solange es Ihnen und dem Kind Freude bereitet.

Sollte dieser Vorschlag für Sie nicht in Frage kommen, gibt es auch andere Gesichtspunkte, nach denen Sie Ihre Entscheidung treffen können:

► Aus der Sicht der Ernährungswissenschaft bringt unter unseren westlichen Lebensbedingungen das Stillen jenseits der ersten sechs Monate nur geringe Vorteile. Bis etwa zu diesem Zeitpunkt jedoch ist die Ernährung mit Muttermilch derjenigen mit Flaschennahrung weit überlegen.

► Die Zeit einer gewissen Gefährdung durch Infektionen hat der Säugling mit etwa vier Monaten überwunden. Auch dieser Zeitraum gehört noch zur optimalen Stilldauer.

► Für manche Mütter ist das Stillen so einfach und bequem, daß sie nicht genügend Aufmerksamkeit auf das Kauenlernen des Babys verwenden. Schließlich findet man unter den langzeitgestillten Kindern nicht selten kleine „Haustyrannen", die sich weigern, von der Brust zu festerer Nahrung überzuge-

hen. Hier sollte man ein beratendes Gespräch suchen, denn solche Schwierigkeiten bergen die Gefahr qualitativer Unter- und Fehlernährung oder psychisch bedingter Eßstörungen mit bleibenden Folgen in sich.

Muttermilch für Kinder aus Allergikerfamilien

Wenn in Ihrer oder der Familie des Vaters allergische Krankheiten, wie Ekzem, Asthma, Heuschnupfen, Nahrungsmittelunverträglichkeiten, vorkommen, ist die Wahrscheinlichkeit, daß Ihr Säugling ebenfalls an einer dieser Allergien erkrankt, außerordentlich hoch. Es ist aber erwiesen, daß durch ausschließliches Stillen in den ersten sechs Lebensmonaten der Ausbruch allergischer Krankheiten bei vorbelasteten Kindern nicht nur verzögert, sondern auch abgemildert werden kann. Lediglich der Verlauf des Ekzems mag von diesem Schutz durch Langzeitstillen ausgenommen sein, wie neuere Untersuchungen nahelegen.

Wenn also bei Ihnen oder dem Vater eine sichere Allergiebelastung besteht oder Sie bereits ein allergisches Kind haben, sollten Sie Ihren Geburtshelfer in dieser Sache ansprechen. Es muß die ausdrückliche Anordnung an Schwestern und Hebammen bestehen, daß Ihr Säugling, sollte zugefüttert werden müssen, nur Traubenzuckerlösung oder eine „hypoallergene" Nahrung erhält (siehe auch Seite 44).

Sie sollten alles versuchen, damit das Stillen glückt (Stillvorbereitung in der Schwangerschaft, frühes Anlegen nach der Geburt und „Rooming-in"). Wenn Sie nach sechs Monaten dann mit einer Breifütterung beginnen, haben Sie bis dahin unter Umständen eine ernste Säuglingskrankheit verhütet oder ihr Auftreten hinausgeschoben!

Muttermilch für Frühgeborene

Noch bis vor wenigen Jahren herrschte die Meinung vor, daß Muttermilch für Frühgeborene nicht die ideale Nahrung wäre. Zwar würden die Abwehrstoffe der Muttermilch das besonders anfällige Frühgeborene vor Infektionen schützen, der niedrige Eiweiß- und Mineralgehalt der Muttermilch jedoch reiche nicht aus, um das rasche Wachstum eines Frühgeborenen zu gewährleisten.

Da Frühgeborene ohnehin durch ihren Aufenthalt in speziellen Frühgeborenenstationen von den Müttern getrennt wurden, war es für Mütter frühgeborener Kinder selbstverständlich, abzustillen.

Heute ist das anders: Es konnte nachgewiesen werden, daß die Milch der Mütter Frühgeborener eiweißreicher ist als die Milch der Mütter Reifgeborener. Das gilt in etwa für die ersten zwei Wochen nach der Geburt, dann gleichen sich die Eiweißwerte wieder an.

Es handelt sich dabei nicht, wie man zuerst vermutete, um eine weise Anpassung der Natur an die Erfordernisse des frühgeborenen Kindes, sondern um eine gewisse Unreife der Brustdrüse, in die mehr Eiweißstoffe aus dem Blut „einsickern", als es nach einer ausgetragenen Schwangerschaft der Fall ist. Aber es ist mütterliches Eiweiß und dazu überwiegend sogenanntes Immunglobulin A, ein Abwehrstoff, über den wir schon gesprochen haben. Untersuchungen haben außerdem gezeigt, daß Frühgeborene mit der Milch der eigenen Mutter besser gedeihen und seltener an Infektionen erkranken als Frühgeborene, die Flaschennahrung erhalten. Seit diese Erkenntnis gewonnen wurde, hat sich die Strategie gegenüber Müttern frühgeborener Kinder gewandelt: Sie sollen nicht abstillen! Pumpen Sie Ihre Milch regelmäßig ab, dann kann Ihr Kind sehr bald über eine Magensonde Ihre wertvolle Milch erhalten. Sobald das Kind saugen und schlucken kann, können Sie ihm die Brust direkt anbieten. Mit etwas Geduld und Unterstützung können Sie Ihr Kind noch Wochen nach der Geburt an die Brust gewöhnen und zum vollen Stillen gelangen.

Mittel zur Steigerung der Milchmenge

Wenn es verfügbar wäre, das Zaubermittel, das die Milch fließen läßt: Jeder wüßte es! Aber ein solches gibt es leider nicht. Das Saugen des Säuglings ist immer noch der wichtigste Motor für die Milchproduktion.

Kleine Tips für den Hausgebrauch sind immer im Umlauf: Was das Gläschen Sekt für die eine Mutter ist, kann Malzbier oder Fruchtsaft für die andere sein. Milchbildungstee ist ein altbekanntes Hausmittel, das inzwischen auch in einzelnen Geburtsabteilungen Einzug gehalten hat. Schädliche Nebenwirkungen sind bei maßvoller Anwendung nicht bekannt. Auch das Einreiben der Brust mit milchförderndem Öl kann nützlich und angenehm sein. Milchtreibende Medikamente gibt es ebenfalls, aber sie haben nur sehr begrenzte Wirkung.

Auf Seite 24 f. wurde die Bedeutung des Oxytozins für den Milchfluß behandelt. Mittels eines Sprays kann Oxytozin ein bis zwei Minuten vor der Brustmahlzeit in die Nase gesprüht werden. Dies kann zunächst zu einem ergiebigeren Fließen der Milch führen, dem Säugling wird der Beginn der Mahlzeit erleichtert. Die Milchproduktion selbst (also die verfügbare Milchmenge) kann durch dieses Sprühverfahren jedoch nicht gesteigert werden.

Eine Reihe von Tranquilizern, also Medikamenten, die das psychische Wohlbefinden beeinflussen, können die Milchproduktion anregen. Sie greifen in die Regulation des milchbildenden Hormons Prolaktin ein. Man kann aber vor der Anwendung solcher Mittel zu diesem Zweck nur warnen! Ihre milchfördernde Wirkung ist nur ein Nebeneffekt. Ihre Hauptwirkung, die Beeinflussung der Psyche der Mutter, ist meist unerwünscht.

Ernährungsfahrplan für den gestillten Säugling

Wenn Sie sich entschließen, Ihr Kind lange zu stillen, so ist der Übergang von der Brust auf den Löffel etwas ganz Natürliches (siehe auch Seite 99 f.). Muttermilch enthält alle Nähr- und Wirkstoffe, die ein Kind im ersten Lebenshalbjahr braucht. Jegliches Zufüttern von Säften oder

Liebevolle Nähe und gesunde Ernährung

Breien vor dem vierten oder fünften Monat (sechzehnte bis zwanzigste Lebenswoche beim gestillten Kind) ist also unnötig. Erster Brei: Wenn Sie also in der Mitte des ersten Lebensjahres mit der Löffelfütterung beginnen, bedenken Sie:

▶ Ihr Säugling ist bisher nur Saugen gewohnt. Wenn er die Breinahrung zunächst wieder herausschiebt, bedeutet es noch nicht, daß sie ihm nicht schmeckt. Auch vom Löffel zu essen will gelernt sein.
▶ Beginnen Sie mit einem für das Alter empfohlenen Gemüse-Fleisch-Brei. Verfallen Sie bitte nicht der Vielfalt des Angebotes an industriellen Breikostnahrungen.
▶ Verteilen Sie die erste Breimahlzeit! Beginnen Sie mit einigen Löffeln, die schließlich zwei- bis dreimal täglich gegeben werden können, damit zunächst keine Brustmahlzeit ausfällt. Stillen Sie vorher, dann hat Ihr Kind den ersten Hunger überwunden und ist geduldiger für das Experiment mit dem Löffel. Nach kurzer Zeit können Sie die ganze Breimahlzeit auf einmal füttern und bei Bedarf anschließend noch stillen.
▶ Das Auftauchen unverdauter Gemüsereste im Stuhl ist ganz normal.

▶ Führen Sie pro Woche nur eine neue Speise ein, damit Sie feststellen können, ob Ihr Kind sie verträgt.

Industriell hergestellte oder selbst zubereitete Nahrung?

Die Vorteile der industriell hergestellten Nahrungen sind ihre gute Qualität, die Abpackung in Mahlzeitportionen, die leichte Vorratshaltung und der geringe Arbeitsaufwand. Sollten Sie selbst zubereitete Breikost bevorzugen, können Sie in Informationsschriften und Büchern nachschlagen. Zweiter Brei: Im zweiten Lebenshalbjahr braucht der reine Milchanteil der Nahrung 500 Milliliter nicht zu überschreiten. Wenn Sie Ihr Kind weiterhin nach Bedarf stillen, können Sie davon ausgehen, daß diese Menge erreicht wird. Aber nun kann auch die Muttermilch nicht mehr als allein ausreichende Quelle für alle notwendigen Ergänzungsstoffe angesehen werden. Nach dem bereits eingeführten Gemüse-Fleisch-Brei sollte der zweite Brei (nicht vor dem sechsten Lebensmonat) ein Vollmilchbrei sein. Mit sieben bis acht Monaten kann schon ein dritter Brei, ein Getreideflocken-Obst-Brei, auf dem Speiseplan eingeführt werden. Nach dem Beginn des zehnten Monats empfiehlt sich der schrittweise Übergang auf kleinkindgerechte Tischkost. Allmählich wird auf drei Hauptmahlzeiten mit zwei Zwischenmahlzeiten zugesteuert:

► morgens nach der Muttermilch ein Butterbrot oder Vollkornflocken,
► als zweites Frühstück frisches Obst, geriebene Karotten oder Müsli,
► mittags ein Gemüse-Fleisch-Menü,
► nachmittags ein Getreide-Obst-Brei oder ein Butterbrot,
► abends Vollmilchgrieß, Reis oder Vollkornbrei, aber auch ein Butterbrot.

Wenn Sie noch stillen, soll das Kind nach Bedarf an der Brust trinken dürfen. Nach dem zehnten Monat sollte jedes Kind an das Kauen gewöhnt werden. Gewürzte Speisen sind erlaubt, sparen Sie jedoch mit Salz!
Es ist nicht leicht, bei gestillten Kindern Empfehlungen für die Zahl der täglichen Mahlzeiten auszusprechen. Wenn Sie nach Bedarf stillen, wird Ihr Kind auch mit zehn Monaten noch mehrmals am Tag nach der Brust verlangen. Zur Häufigkeit des Stillens gibt es keine starren Regeln, deshalb betrachten Sie die folgenden Zahlen bitte als empfohlene Mindestanzahl an Mahlzeiten.

Ende des 3. Lebensmonats	5–6 Mahlzeiten
4. und 5. Lebensmonat	4–5 Mahlzeiten
ab dem 6. Lebensmonat	4 Mahlzeiten
ab dem 10. Lebensmonat	3 Haupt- und 2 Nebenmahlzeiten

Ernährungsfahrpläne sollen nicht starr sein. Sie dienen lediglich als Richtlinien und machen darauf aufmerksam, in welchem Altersabschnitt bestimmte Veränderungen des Fahrplans eintreten.
Obst- und Gemüsesäfte brauchen nicht vor dem fünften bis sechsten Lebensmonat zugegeben zu werden. Ab dem achten Monat trinkt Ihr Kind vielleicht schon gerne aus der Tasse. Es würde dann auch Vollmilch vertragen.

Vitamin D: Vorbeugung gegen Rachitis

Obwohl vor einiger Zeit eine gewisse Menge Vitamin D in der Muttermilch entdeckt wurde, reicht der Gehalt nicht aus, um in unseren ziemlich sonnenarmen Breitengraden der Rachitis sicher entgegenzuwirken.
Gestillte Kinder erhalten deshalb täglich 1 x 500 IE Vitamin D 3.

Es wird zur Zeit als Kariesprophylaxe mit 0,25 mg Fluor (in Form der D-Fluoretten 500) angeboten. Die tägliche Tablette soll, in einem Löffel zerdrückt, mit ein paar Tropfen Wasser oder Milch verabfolgt werden. Vitamin D 3 soll ein ganzes Jahr lang einmal täglich gegeben werden.

Irrige Meinungen über Muttermilch

Muttermilch ist unverträglich, zu dünn, zu fett: Diesen Satz kann man häufig hören.

Daß Muttermilch wirklich unverträglich ist und deshalb abgesetzt werden muß, kommt überaus selten vor (siehe auch Seite 86).

Ein wunder Po, wenn die Mutter zu viele Zitrusfrüchte oder auch anderes Obst gegessen hat, ist leicht zu heilen. Die Mutter sollte besser alle verdächtigen Obstsorten weglassen und dann, Sorte für Sorte, nacheinander versuchen zu ergründen, woran es wohl gelegen hat.

Die Milch sei zu dünn, ist eine Sorge mancher Mutter und im Vergleich zu vielen Säuglingsflaschennahrungen sieht Muttermilch tatsächlich dünnflüssig, fast durchsichtig aus. Zu „dünn" ist Muttermilch unter unseren normalen Ernährungsbedingungen aber nie. Sollten Sie trotzdem den Eindruck haben, daß Ihr Kind nicht satt wird, suchen Sie geschulten Rat, ehe Sie vorzeitig abstillen.

„Die Milch ist zu fett", diese Sorge machen sich manchmal wohlmeinende Verwandte oder Bekannte, wenn der Säugling häufig spuckt. Zwar schwankt der Fettgehalt mit der Nahrung der Mutter, aber sie wird nie so fett, daß der Säugling sie nicht mehr vertragen kann. Lassen Sie sich also nicht beunruhigen, sondern suchen Sie auch hier erfahrenen Rat, um den wahren Grund für die vermeintliche Milchunverträglichkeit aufzudecken.

Medikamente, Genußmittel und Schadstoffe in der Muttermilch

Stillen und Medikamente

▬▬

Viele Frauen erhalten zum Zeitpunkt der Entbindung oder im Wochenbett Medikamente. Die Frage, ob trotz einer medikamentösen Behandlung weiter gestillt werden darf, wird deshalb oft gestellt.

Ob ein Medikament, das der Mutter verordnet wurde, in die Muttermilch übergeht und auf diesem Weg dem Säugling schaden kann, hängt von vielen Faktoren ab, die für jedes Medikament verschieden beurteilt werden müssen.

Übergang in die Milch

Da gibt es zahlreiche Medikamente, die aus dem Blut der Mutter in mehr oder minder hohem Anteil in die Milch übergehen. Das Ausmaß des Übergangs ist abhängig vom chemischen Aufbau des Medikaments, seiner Löslichkeit in Fett oder Wasser, seiner Bindung an Eiweiß usw.

Übergang aus der Milch auf den Säugling

Selbst wenn Medikamente nun aus der Milch auf den Säugling übergehen, so hängt ihre Wirkung wieder von mehreren Gegebenheiten ab. Zu Beginn der Stillzeit ist dieser Übergang im allgemeinen am stärksten und auch gleichzeitig für den Säugling am gefährlichsten, da sein Stoffwechsel, also seine Möglichkeiten, ein Medikament abzubauen und es selbst oder seine Abbauprodukte auszuscheiden, noch unreif ist. Auch wenn ein Medikament kurz vor dem Stillen eingenommen wird, gelangt es in höherer Konzentration in die Milch und in den Säugling, als wenn es Stunden zuvor, also nach der vorhergehenden Stillmahlzeit, genommen wurde.

Nebenwirkungen für das Kind

Fast in jeder Gruppe von Medikamenten (Antibiotika, Schmerzmittel, Abführmittel usw.) gibt es jene, die bedenkliche Nebenwirkungen hervorrufen können, aber im allgemeinen auch immer solche, die unter bestimmten Bedingungen verabfolgt werden dürfen. Wir nehmen bewußt davon Abstand, in diesem Buch auf einzelne Medikamente einzugehen. Sie sollten in jedem Fall Ihren behandelnden Arzt fragen, unter welchen Bedingungen Sie ein Medikament während der Stillzeit einnehmen dürfen. Sollte er sich nicht sofort im klaren sein, was er Ihnen raten kann, so können die Herstellerfirmen von Medikamenten die gewünschte Auskunft geben.

Grundsätzlich zwingt die Einnahme von Medikamenten nur in seltenen Fällen zum Abstillen. In einer kürzlich erschienenen wissenschaftlichen Abhandlung über Stillen und Medikamente heißt es: „Es läßt sich kaum eine zwingende medikamentöse Therapie vorstellen, die durch den Übertritt in Muttermilch dem Kind gefährlich sein könnte und nicht durch ein anderes Therapieregime, das weniger Gefahren für das Neugeborene hat, ersetzt werden könnte. Demzufolge gibt es kaum einen Anlaß, einer Mutter das Stillen zu untersagen."

Stillen und Genußmittel

Es ist bekannt, daß während der Schwangerschaft sowohl Nikotin als auch Alkohol in größeren Mengen Schäden am ungeborenen Kind hervorrufen können, die es das ganze Leben begleiten. Gelten diese Bedenken uneingeschränkt auch für die Stillzeit?

Nikotin

Nikotin tritt in ziemlich hohen Konzentrationen aus der Milch auf das Kind über. In größeren Mengen (etwa zwanzig Zigaretten täglich) bewirkt Nikotin dann auch einen Rückgang der Milchmenge.

Ist eine Mutter auch beim besten Willen nicht in der Lage, auf das Rauchen während der Stillzeit zu verzichten, so gelten nach einer Reihe von wissenschaftlichen Untersuchungen fünf bis sechs Zigaretten am Tag als die Zahl, bei der es zumindest kurzfristig zu keiner Schädigung des Säuglings zu kommen scheint. Jedoch sollten diese Zigaretten jeweils nach einer Stillmahlzeit geraucht werden, um die Weitergabe von Nikotin an den Säugling niedrig zu halten. Gewarnt wird neuerdings auch vor dem „passiven Rauchen". Es verstärkt die Anfälligkeit des Säuglings für Bronchitis.

Meiden Sie also mit Ihrem Kind den Aufenthalt in verrauchten Zimmern.

Alkohol

Kleine Mengen von Alkohol (hin und wieder ein bis zwei Gläser Bier, Wein oder Sekt) richten keinen Schaden an. Sie können sogar den Milchausscheidungsreflex anregen!
In großen Mengen genossen, führt Alkohol zu einer Einschränkung des Milchflusses (vor allem Vorsicht mit „harten" Getränken!). Allerdings geht er nur in geringem Maß in die Milch über, so daß Säuglinge erst bei starkem Alkoholgenuß der Mutter beeinträchtigt werden. Binnen vierundzwanzig Stunden ist der Alkohol aus der abgesonderten Milch verschwunden.

Kaffee und Tee

Koffein geht in die Muttermilch über, jedoch in so geringen Mengen, daß kaum Nebenwirkungen beim Kind zu erwarten sind. Solange Sie über den Tag verteilt etwa drei bis vier Tassen Kaffee oder Tee trinken, wird das in der Regel keine Auswirkungen haben. Natürlich gibt es auch Ausnahmen, das heißt Kinder, die schon auf solche Mengen empfindlich reagieren. Sie müßten sich danach richten.

Schadstoffe in der Muttermilch

Als Nahrungsmittel wäre Muttermilch verboten, schrieb eine Tageszeitung kürzlich. Sie bezog sich auf Untersuchungen, nach denen der Gehalt eines Insektenbekämpfungsmittels, wie zum Beispiel DDT, in der Muttermilch den zulässigen Gehalt in Lebensmitteln um ein Vielfaches überschreitet.
Das ist wahr und wurde auch in vielen anderen Ländern der Welt bestätigt. Obwohl zum Beispiel DDT in der Bundesrepublik nicht mehr verwendet wird, werden wir noch lange mit diesem Stoff leben müssen, denn er zersetzt sich nur sehr langsam. Über Futtermittel gelangen die Insektizide in die Tiere, über Lebensmittel in den Menschen. Sie werden im Fettgewebe des Menschen gespeichert und von dort bei der Bildung von Muttermilch wieder mobilisiert. Nun sind die festgesetzten Grenzen für den Insektizidgehalt von Lebensmitteln nicht gleichzeitig jene Grenzen, oberhalb derer Krankheitserscheinungen durch Vergiftung auftreten. Die festgelegten Grenzen sind niedrig und sollen lediglich den Lebensmittelüberwachungsämtern eine Handhabe gegen Verwendung oder Einfuhr minderwertiger Nahrungs- oder Futtermittel geben.

Sorgfältige Beobachtungen haben trotz eines möglichen hohen Gehaltes der Muttermilch an diesen Stoffen noch keine nachteiligen Auswirkungen auf die Gesundheit der Säuglinge feststellen können.

Der Insektizidgehalt der Muttermilch wird – wie in vielen Ländern, so auch in der Bundesrepublik – durch umfangreiche Untersuchungsprogramme sorgfältig überwacht. Zwei flächendeckende Studien, die auf Veranlassung des Bundesministeriums für Jugend, Familie und Gesundheit im Abstand von einigen Jahren in Deutschland durchgeführt worden sind – die letzte wurde 1983 abgeschlossen –, haben gezeigt, daß der Gehalt einer ganzen Reihe von Pestiziden in der Muttermilch langsam absinkt. Es ist damit zu rechnen, daß dieser Trend anhalten wird.

In neuester Zeit hat die Auffindung von Dioxin in Muttermilch (Dioxin ist als „Seveso-Gift" bekannt geworden) einiges Aufsehen erregt. Nach anfangs großen Befürchtungen über die Höhe des Dioxingehaltes in Muttermilch hat eine Expertenkonferenz der Weltgesundheitsorganisation im Jahr 1990 feststellen können, daß die gemessenen Werte keinen Grund darstellen, das Stillen einzuschränken.

Im Hinblick auf den Schadstoffgehalt der Muttermilch werden von stillenden Müttern immer wieder zwei Fragen gestellt:

1. Kann man den Schadstoffgehalt der Muttermilch durch Änderung der Ernährungsgewohnheiten herabsetzen? Die Antwort lautet: Nein. Die Schadstoffe sind schon seit Jahren im Fettgewebe des mütterlichen Organismus eingelagert und werden mit dem Stillen mobilisiert. Die Einschränkung der Aufnahme mit der Nahrung, zum Beispiel durch streng vegetarische Lebensweise, ändert am Insektizidgehalt des mütterlichen Fettgewebes nichts mehr.

Gewarnt wird freilich vor einer forciert raschen Gewichtsabnahme der Mutter in der Stillzeit, unter anderem um ein vermehrtes Angebot von Insektiziden aus dem einschmelzenden Fettgewebe der Mutter zu vermeiden. Machen Sie also in der Stillzeit keine Abmagerungskur!

2. Sollte man den Schadstoffgehalt der Muttermilch untersuchen lassen? Manche Mütter haben den Wunsch, den Schadstoffgehalt ihrer Milch zu kennen. Eine Gruppe von Sachverständigen, Toxikologen und Kinderärzten hat dazu Stellung genommen: Man kann davon ausgehen, daß die Schadstoffaufnahme eines Kindes,

welches bis Ende des vierten Monats ausschließlich gestillt wird und dann neben der Muttermilch langsam steigende Mengen von Beikost erhält, bei Müttern aus normal belastetem Lebensumfeld unbedenklich ist. Müttern, die zeitweilig höheren Belastungen ausgesetzt waren, wird empfohlen, ihre Muttermilch auf deren Schadstoffgehalt untersuchen zu lassen. Liegen die Werte in dem zu erwartenden Bereich, kann unbedenklich weitergestillt werden. Bei der wahrscheinlich sehr geringen Anzahl von Müttern, bei denen die Schadstoffwerte wesentlich über dem Erwartungswert gefunden werden, wäre dann zu erwägen, allmählich abzustillen. Man kann aber davon ausgehen, daß solche Abweichungen der Werte nach oben selten sind.

Zusammenfassend muß entschieden festgehalten werden, daß gerade auch die Sachverständigen, die offiziell um ihr Urteil ersucht wurden, die Vorteile des Stillens vor den möglichen Nachteilen durch Schadstoffe in den Vordergrund gerückt haben. In den letzten Jahren hat die Belastung der Muttermilch kontinuierlich abgenommen, was insbesondere auf eine verbesserte Gesetzgebung zurückzuführen ist.

Der Schadstoffgehalt der Muttermilch darf also nicht generell als Grund genommen werden, vom Stillen abzuraten.

Flaschennahrung für den Säugling

Kleine Einführung

Die Überlegenheit der Muttermilchernährung zeigt sich auch im Vergleich mit der Flaschennahrung. Kuhmilch, die als Grundlage für fast alle Säuglingsflaschennahrungen verwendet wird, unterscheidet sich in ihrer Zusammensetzung ganz wesentlich von der reifen Muttermilch. Die untenstehende Tabelle gibt durchschnittliche Anhaltswerte zu Ihrer Information.
Grundsätzlich ist folgendes zu sagen:

▶ Muttermilch ist viel ärmer an Eiweiß als Kuhmilch;
▶ Muttermilch enthält fast ebensoviel Fett wie Kuhmilch, es ist aber anders zusammengesetzt und wird vom Säugling viel besser aufgenommen;
▶ Muttermilch ist reicher an Milchzucker als Kuhmilch;
▶ Muttermilch enthält dreimal weniger Salz als Kuhmilch;
▶ Muttermilch und Kuhmilch enthalten etwa gleich viel Energie (Kalorien bzw. Joule).

Der menschliche Säugling kann vor dem zweiten Lebenshalbjahr unverdünnte Kuhmilch nicht vertragen: Das hohe Eiweiß- und Salzangebot würde die Organe, die das Überangebot verkraften müßten – nämlich die Nieren – überfordern, schwere Stoffwechselentgleisungen wären die Folge. Ein recht hoher Prozentsatz des Milchfetts geht in den ersten Wochen durch den Darm wieder verloren. Kuhmilch, soll sie für Säuglinge verträglich sein, muß also tiefgreifend verändert werden!
Vereinfacht kann man es etwa so ausdrücken:

Die Zusammensetzung von Muttermilch und Kuhmilch

	Protein g %	Fett g %	Milchzucker g %	Asche g %	Kalorien 100 ml
Frauenmilch, reife	1,2	3,5	7,0	0,21	67
Kuhmilch	3,3	3,5	4,8	0,72	66

Quelle: nach Droese und Stolley,
aus: Lehrbuch der Kinderheilkunde, Thieme 1977

► Kuhmilch muß so lange verdünnt werden, bis Eiweiß- und Salzgehalt für den Säugling verträglich sind.

► Dann muß die Energie (Kalorien beziehungsweise Joule) in der verdünnten Milch durch die Zugabe von gut verträglichen Fetten und Kohlenhydraten aufgefüllt werden.

► Dabei verwendet man vorzugsweise pflanzliche Öle, um das Muttermilchfett im Hinblick auf den Gehalt an sogenannten ungesättigten Fettsäuren und der lebenswichtigen Linolsäure möglichst zutreffend nachzuahmen.

► Die Kohlenhydrate werden entweder ergänzt durch Stärke und Kochzucker oder aber alleine durch Milchzucker aufgestockt.

So entstehen zwei Arten von Säuglingsmilchnahrungen, die für den jungen Säugling verträglich sind.

Adaptierte Säuglings- milchnahrungen

► Sie sind arm an Eiweiß und Mineralsalzen.

► Ihr Fett ist dem Muttermilchfett durch Zugabe pflanzlicher Öle angepaßt.

► Als Kohlenhydrat enthalten sie ausschließlich Milchzucker.

► Die adaptierten Milchnahrungen sind mit den wichtigsten Vitaminen (auch mit dem Vitamin D) angereichert.

Teiladaptierte Säuglingsmilch- nahrungen

► Sie sind arm an Eiweiß und Mineralsalzen.

► Ihr Fett ist dem Muttermilchfett durch Zugabe pflanzlicher Öle angepaßt.

► Ihre Kohlenhydrate bestehen aus mehreren Stoffgruppen, zumeist auch etwas Kochzucker und etwas Stärke, die die Nahrung etwas dickflüssiger macht.

► Sie sind mit den wichtigsten Vitaminen (auch mit kleinen Mengen Vitamin D) angereichert.

Muttermilch, Säuglingsflaschennahrung und Kuhvollmilch in ihrer Nährstoffzusammensetzung

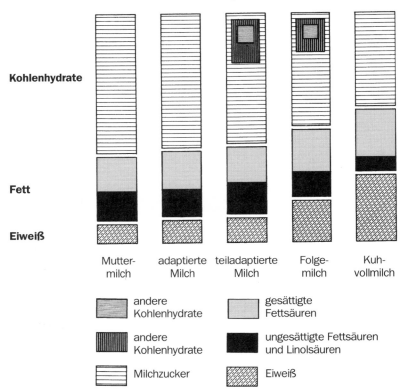

Kohlenhydrate

Fett

Eiweiß

| Mutter-milch | adaptierte Milch | teiladaptierte Milch | Folge-milch | Kuh-vollmilch |

andere Kohlenhydrate

gesättigte Fettsäuren

andere Kohlenhydrate

ungesättigte Fettsäuren und Linolsäuren

Milchzucker

Eiweiß

Erläuterungen zur Abbildung

Eiweiß

Muttermilch enthält nur wenig Eiweiß, adaptierte und teiladaptierte Säuglingsmilchnahrungen ein wenig mehr.

Die eiweißreichere Folgemilch und die im Vergleich zur Muttermilch um fast das Vierfache eiweißreichere

Kuhvollmilch dürfen erst dem älteren Säugling gefüttert werden.

Fett

Alle fünf Milchsorten enthalten etwa gleich viel Fett, das aber unterschiedlich zusammengesetzt ist. Muttermilch sowie die ihr in der Fettzusammensetzung recht gut angenäherten adaptierten und teil-

adaptierte Säuglingsmilchnahrung enthalten in ihren Fetten etwa fünfzig Prozent ungesättigte Fettsäure, die für die möglichst vollständige Aufnahme von Fett aus dem Darm notwendig sind, außerdem einen hohen Anteil an Linolsäure. Das Fett der Folgemilchen folgt dieser Zusammensetzung nicht immer, und das vom jungen Säugling nur unvollständig verwertete Fett der Kuhvollmilch besteht nur zu dreißig Prozent aus ungesättigten Fettsäuren und enthält vergleichsweise wenig Linolsäure.

Kohlenhydrate

Die Muttermilch und adaptierte Säuglingsmilchnahrungen enthalten als einziges verwertbares Kohlenhydrat Milchzucker. Auch Kuhmilch enthält nur Milchzucker, jedoch in geringerer Menge. In teiladaptierter Milch und Folgemilch kommen auch andere Zucker zur Anwendung, wie Kochzucker, sogenanntes Malto-Dextrin und / oder Stärke, die die Blutzuckerkurve des Säuglings und seinen Insulinbedarf gegenüber den Verhältnissen in der Muttermilch nicht unerheblich verändern.

Der Unterschied zwischen adaptierter und teiladaptierter Säuglingsmilchnahrung liegt nicht allein in der Zusammensetzung der Kohlenhydrate. In adaptierter Milch ist auch das Verhältnis von Molkenprotein zu Casein der Muttermilch angeglichen. In teiladaptierter Milch entsprechen die Anteile denen der Kuhmilch. Außerdem ist darin der Gesamteiweißgehalt höher, so daß die Stoffwechselfunktionen des jungen Säuglings dadurch mehr belastet werden.

Säuglingsmilchnahrungen als Ergänzung zum Stillen

Sollte eine Ergänzung zur Muttermilch notwendig sein, ist auf jeden Fall den adaptierten Säuglingsmilchnahrungen der Vorzug zu geben!
Bitte lesen Sie Näheres zu diesem Thema auf Seite 41 ff.; dort ist die Empfehlung begründet. Teiladaptierte Säuglingsmilchnahrungen, die etwas sämiger sind, werden von vielen Müttern in der Hoffnung eingesetzt, ihr Kind schlafe besser durch. Dieses Argument ist aber in Fachkreisen sehr umstritten.
Für die teiladaptierten Säuglingsmilchnahrungen gilt übrigens vorläufig noch, daß man sie wahrscheinlich nicht nach Bedarf füttern kann.

„Hypoallergene" Säuglings- milchnahrung

Die herkömmlichen Säuglings- milchnahrungen sind auf Kuhmilcheiweißbasis aufgebaut. Kuhmilcheiweiß kann aber – wie jedes andere intakte Eiweiß auch – allergische Reaktionen und de- ren Folgekrankheiten auslösen. Besonders anfällig sind Säuglinge aus Familien, in denen solche Re- aktionen und Krankheiten bereits auftraten.

Man hat nun neuartige Nahrun- gen entwickelt, bei denen dem Ei- weiß durch Aufspaltung in kleine- re Bestandteile ein großer Teil seiner allergisierenden Eigen- schaften genommen wurden.

Es konnte gezeigt werden, daß der Einsatz dieser Nahrung bei gefährdeten Kindern tatsächlich eine vorbeugende Wirkung gegen- über dem Auftreten allergischer Krankheiten – insbesondere von Neurodermitis – hat.

Hypoallergene Nahrungen eig- nen sich zum Zufüttern in den er- sten Lebenstagen, als Ergänzung zu unzureichenden Muttermilch- mengen oder als alleinige Milch- nahrung, wenn eine Mutter aus einer allergiebelasteten Familie selbst nicht stillen kann oder will.

Folgemilchen

Eine dritte Gruppe von Säug- lingsmilchnahrungen, die et- was eiweiß-, salz- und kalorienrei- cher ist, darf erst nach der Vollen- dung des vierten Lebensmonats gegeben werden. Die Packungen sind gekennzeichnet.

Die Abbildung auf Seite 42 ver- deutlicht noch einmal die Unter- schiede. Allerdings wurde die Darstellung sehr vereinfacht. In Wirklichkeit ist für die Herstel- lung der Säuglingsmilchnahrung ein kompliziertes Vorgehen erfor- derlich. Auch können Säuglings- milchnahrungen auf der Grundla- ge anderer Eiweiße (Soja-Eiweiß oder Fleisch) hergestellt werden. Auch hier gibt es Industriepro- dukte.

Da die Produkte häufig verändert oder umbenannt werden, sollten Sie Ihren Kinderarzt fragen.

Was Sie über Ihren Säugling wissen müssen

Einige Anmerkungen zur Geburt

In diesem Buch wird darauf verzichtet, die Geburt darzustellen. Es ist Ihnen sicher bekannt, daß die meisten Geburtskliniken darum bemüht sind – besonders wenn Sie es wünschen –, Ihnen den Kreißsaal zu zeigen, damit Sie all die Einrichtungen, die schließlich zu Ihrem und Ihres Kindes Schutz dort stehen, in Augenschein nehmen und auch erklärt bekommen können.

Keine Entbindungsklinik wird es dem Vater verweigern, bei der Geburt seines Kindes anwesend zu sein. Selbst bei einem Kaiserschnitt, insbesondere bei örtlicher Betäubung, kann heute in den meisten Fällen der Vater dabeisein.

Ihr Geburtshelfer wird mit Ihnen absprechen, welche Medikamente während der Geburt voraussichtlich eingesetzt werden, falls die Situation es erforderlich macht. Damit wissen Sie, ob Sie wach sind, wenn Ihr Baby kommt, oder ob Sie oder er oder beide schläfrig sein werden. Nehmen Sie diese Fragen ernst, und lassen Sie sich jedes medizinisch notwendige Vorgehen erläutern. Fragen Sie alles, was Sie im Zusammenhang mit der Geburt Ihres Kindes interessiert.

Der erste Kontakt

Die ersten gemeinsamen Augenblicke nach der Geburt, vielleicht die ersten gemeinsamen Stunden, die Mutter und Kind nach der Entbindung miteinander verbringen, können die Beziehung zwischen ihnen auf lange Zeit hinaus prägen.

Jedem Hirten ist geläufig, daß man ein Muttertier und sein neugeborenes Junges nach der Geburt nicht trennen darf, da das Muttertier sein Junges danach nicht wieder annehmen würde. Untersuchungen sprechen dafür, daß bei Muttertieren um den Zeitpunkt der Geburt eine besondere Bereitschaft zur Pflege des Jungen besteht, die während der Schwangerschaft heranreift und nach der Geburt einen Höhepunkt erreicht.

Psychologen und Psychotherapeuten haben schon seit Jahrzehnten davor gewarnt, die Menschenmutter und ihren Säugling nach der Geburt voneinander zu trennen, wie es die moderne Geburtshilfe lange Zeit verlangt hat. Diese Warnungen blieben lange weitgehend unbeachtet. Es fehlten Beweise für die Schädlichkeit dieser Trennung. Inzwischen hat sich die Einstellung der Ärzte zu diesen Fragen sehr gewandelt, und auch Eltern äußern vermehrt das Bedürfnis nach ungestörtem Zusammensein mit dem Kind im Anschluß an die Geburt.

Vieles spricht dafür, daß auch die Menschenmutter in der Zeit unmittelbar nach der Geburt besonders „prägbar" ist im Hinblick auf die Erfüllung ihrer mütterlichen Aufgaben.

Zu diesen Aufgaben kann auch das Stillen gehören. Es hat sich gezeigt, daß Stillen um so besser und um so langanhaltender in Gang kommt, wenn Mutter und Kind nach der Geburt nicht getrennt werden.

In diesem Zusammenhang taucht öfter ein voreiliger und schwerwiegender Trugschluß auf, der leider weit verbreitet ist. Gemeint ist die oft gehörte Behauptung, stillende Mütter hätten besseren Kontakt zu ihren Kindern als Mütter, die ihre Kinder mit der Flasche füttern. Diese Behauptung wurde nie bewiesen, versetzt aber all jene Mütter zu Unrecht in Not, die trotz aller Bemühungen nicht stillen können oder sich von vornherein gegen das Stillen und

für die Ernährung mit der Flasche entschieden haben.

Der frühe Kontakt, und das ist das Entscheidende, zwischen der Mutter und dem Kind ist geeignet, das Verhältnis zwischen den beiden besonders harmonisch zu gestalten, gleich, ob die Mutter sich zum Stillen entschließt oder nicht. Daß das frühe Beieinandersein von Mutter und Kind in vielen Müttern die Bereitschaft zum Stillen und den Stillerfolg festigt, ist eine verständliche Begleiterscheinung, wenn man die Vorgänge über die Entstehung und über die Absonderung der Muttermilch kennt.

Jede Geburtsklinik hat ihre eigene Erfahrung und Handhabe, wenn es darum geht, Ihnen Ihr Kind so früh wie möglich zu geben. Erkundigen Sie sich darüber früh genug, damit Sie wissen, wie es in der Entbindungsklinik Ihrer Wahl angeboten wird, und melden Sie Ihren Wunsch nach einem frühzeitigen und auch zeitlich nicht begrenzten Kontakt mit dem Kind an.

Im folgenden werden Sie über die ersten Minuten Ihres Säuglings lesen können. Wenn Sie ihn so früh wie möglich halten wollen, sollten Sie wissen, welche medizinischen Maßnahmen ihn zunächst einmal erwarten.

Zu Ihrer Information

Nach der Geburt

Kaum ist Ihr Säugling geboren, wird er einer ersten Beurteilung seines Gesundheitszustandes unterzogen. Je nach der Organisation der Geburtsklinik werden ein Frauenarzt, ein Narkosearzt oder ein Kinderarzt, unterstützt von Hebamme oder Kinderschwester, für Ihr Kind bereitstehen. Es geht um einige sehr wichtige Informationen und Maßnahmen:

Hat Ihr Kind schon kräftig durchgeatmet oder geschrien, so erübrigen sich helfende Maßnahmen, und Sie können ungestört sofort das Zusammensein genießen. Es könnte sein, daß man Ihnen das Kind sofort überläßt. Bei manchen Kindern kann es nötig werden, Schleim im Rachen sowie Flüssigkeit aus dem Magen abzusaugen und – wenn nötig – Atemhilfen mit einer Maske zu geben, um einen eventuellen Sauerstoffmangel zu beheben.

Auch eine Injektion von Lösungen in die Nabelschnur zur Bekämpfung einer Blutübersäuerung (sie entsteht schon bei leichtem Sauerstoffmangel) kann eine Routinemaßnahme sein, die nur dazu dient, Ihren Säugling rasch „in Form" zu bringen.

Bei allen Kindern werden nach einer Minute und nach fünf Minuten im Anschluß an die Entbindung die Erstuntersuchungen (APGAR) vorgenommen und bereits „Noten" verteilt. Sie dienen der Beurteilung des Zustandes Ihres Kindes, und Sie können sie erfragen oder im Vorsorgeheft, das Sie später mitbekommen, nachlesen. Nach einer Minute soll die APGAR-Note 7 oder darüber sein, nach fünf Minuten 9 oder 10. Sie wissen dann, daß Ihr Kind während und unmittelbar nach der Geburt keineswegs Anpassungsschwierigkeiten hatte, selbst wenn ein paar unterstützende Maßnahmen notwendig waren.

Unmittelbar nach der Geburt erfolgt noch eine erste Übersichtsuntersuchung, die darüber entscheidet, ob besondere Vorsichtsmaßnahmen angezeigt sind, wie zum Beispiel eine vorbeugende Beobachtung im Brutkasten (Inkubator) beziehungsweise im Säuglingszimmer oder – im Falle von zu erwartenden Gefahren – die Verlegung in eine Kinderklinik, in der das ganze Arsenal von Behandlungsmöglichkeiten für Ihr Kind bereitsteht. In den meisten Fällen kann Ihr Geburtshelfer eine notwendig werdende Verlegung in die Kinderklinik voraussagen, und Sie werden bereits vor der Entbindung darüber informiert. Das gilt vor allem für Frühgeborene, deren Gewicht und Unreife ja heute schon im

Mutterleib ziemlich genau abgeschätzt werden können.

In Deutschland werden die Ergebnisse der ersten Untersuchung im Kreißsaal unter U 1 in das gelbe Vorsorgeheft eingetragen.

Die Entwicklung des Körpergewichts im ersten Lebensjahr

Welche Anhaltswerte gelten? Ein gesundes Neugeborenes nimmt nach der Geburt meist ab. Die Abnahme erreicht ihren tiefsten Wert nach fünf bis sieben Tagen und beträgt fünf bis zehn Prozent des Körpergewichtes (bei einem Kind von 3 000 Gramm Geburtsgewicht also 150 bis 300 Gramm). Um den zehnten bis vierzehnten Lebenstag hat das Kind sein Geburtsgewicht meist wieder erreicht, im fünften Lebensmonat wird es verdoppelt, am Ende des ersten Lebensjahres verdreifacht.

Die untenstehende Tabelle zeigt die Gewichtszunahme des Säuglings in Gramm pro Tag, pro Woche und pro Monat im ersten Lebensjahr. Diese Zahlen sind Anhaltswerte, Abweichungen nach oben oder unten gibt es immer. Wenn Sie unsicher sind, ob Ihr Kind gut gedeiht, können Sie zwischen den Vorsorgeuntersuchungen beim Arzt zusätzlich die von den staatlichen Gesundheitsämtern eingerichtete Mütterberatung aufsuchen und es dort regelmäßig wiegen lassen.

Anhaltspunkte für tägliche Trinkmengen

In den ersten Lebenstagen

In den ersten Lebenstagen Ihres Kindes fließt die Milch noch spärlich, und das ist kaum anders zu erwarten. Am ersten Tag nach der Geburt werden selbst bei häufigem Anlegen kaum mehr als

Gewichtszunahme des Säuglings in Gramm			
	täglich	wöchentlich	monatlich
1. – 3. Monat	28–30	196–210	850–900
4. – 6. Monat	20	140	610
7. – 9. Monat	15	105	460
10. – 12. Monat	12	84	370

Quelle: nach Droese und Stolley,
aus: Lehrbuch der Kinderheilkunde, Thieme 1977

20 Milliliter Vormilch abgegeben. Am siebten Tag können 400 bis 500 Milliliter Milch gebildet werden. Alle Regeln, die die tägliche Steigerung der Milchmenge vorrechnen, haben den Nachteil, daß sie Mittelwerte darstellen, an die sich Ihr Kind kaum halten wird. Am wichtigsten ist, daß Sie darüber nicht unruhig werden. Beim Stillen nach Bedarf erhält Ihr Kind normalerweise ausreichend Milch, außerdem wird durch regelmäßiges Saugen die Milchbildung angeregt, so daß sich innerhalb weniger Tage Bedarf und Menge aufeinander einspielen. Nur bei untergewichtigen Kindern, die im Mutterleib gehungert haben (sogenannte Mangelgeburten oder „small-for-date-babies"), kann es auf ärztliches Anraten notwendig sein, zur Überbrückung eine „hypoallergene" Milchnahrung zuzufüttern.

Nach der zweiten Lebenswoche

Sobald Sie Ihren Säugling und seine Gewohnheiten richtig kennengelernt haben, wissen Sie auch, daß er vielleicht nicht genug bekommen hätte. Darf er nach Bedarf trinken, so folgt er im allgemeinen von ganz allein der Faustregel über die üblichen Trinkmengen, die Sie der untenstehenden Tabelle entnehmen können. Diese Regeln sind an gesunden Säuglingen ermittelt worden. Trotzdem: Es handelt sich um Anhaltswerte, die von vielen Säuglingen zeit- weise über- oder unterschritten werden.

Nur wenige Mütter sind in der Lage, mehr als 900 bis 1 000 Milliliter Milch am Tag zu produzieren und damit dem steigenden Bedarf des älteren Säuglings an Nährstoffen und Flüssigkeit gerecht zu werden. Eine geringere Milchmenge ist dann ausrei-

Faustregel und Beispiele für Trinkmengen nach der zweiten Lebenswoche		
	2. Lebenswoche – 3. Lebensmonat	4. – 6. Lebensmonat
tägliche Trinkmenge in bezug auf das Körpergewicht	$\frac{1}{6} - \frac{1}{5}$	$\frac{1}{7} - \frac{1}{6}$
Beispiele:	Säugling wiegt 4 000 g, darf 670 g ($\frac{1}{6}$) – 800 g ($\frac{1}{5}$) trinken	Säugling wiegt 6 000 g, darf 850 g ($\frac{1}{7}$) – 1 000 g ($\frac{1}{6}$) trinken

Quelle:nach Droese und Stolley, aus: Lehrbuch der Kinderheilkunde, Thieme 1977

Gesunde Ernährung für das Baby

chend, wenn das Kind kontinuierlich an Gewicht und Länge zunimmt und einen zufriedenen Eindruck macht. Die hervorragende Qualität der Muttermilch und die vollständige Ausnutzung ihrer Nährstoffe kann das Gedeihen des Kindes auch bei einem knappen Milchangebot durchaus noch gewährleisten. Ab dem fünften Monat können, spätestens aber ab dem siebten Monat müssen weitere Nährstoffquellen in Form von Beikost hinzukommen.

Der Stuhlgang des muttermilchernährten Kindes

Nach Abgabe des schwarz-dunkelgrünen Kindspechs (Mekonium) in den ersten beiden Tagen entleert sich grünlich-bräunlicher Übergangsstuhl. Wie es dann weitergehen wird, kann man bei gestillten Kindern kaum vorhersagen.

Es ist durchaus normal, wenn sich in jeder Windel ein etwas flüssig-pastiger, goldgelb-grünlicher, säuerlich-aromatisch riechender Stuhl findet; es ist aber auch kein Grund zur Beunruhigung, wenn tagelang kein Stuhl entleert wird. Das kann bis zu einer Woche, aber unter Umständen den auch länger dauern.

Wenn Ihr Kind gut trinkt und zufrieden ist, ist das Ausbleiben des Stuhlgangs bei einem Säugling auch über mehrere Tage kein Grund zur Sorge.

Die Praxis des Stillens

Die Brust bereitet sich von selbst und allmählich auf die Aufgabe des Milchbildens und Milchgebens vor. Ist eine Vorbereitung zum Stillen dann überhaupt notwendig?

Dieser Vorbereitung wird im Vergleich zu den Vorbereitungen auf die Geburt im allgemeinen nur wenig Platz eingeräumt; dennoch sollte sie beachtet werden.

Wie sollen die Stillvorbereitungen aussehen?

An erster Stelle steht die Information über alle Vorgänge während der Stillzeit. Dies ist nicht nur für die Mutter, sondern ebenso für den Vater wichtig – denn wie sonst könnte er in der Lage sein, sie zu unterstützen? Sie sollten auch Ihren Arzt von Ihrem Plan, zu stillen, in Kenntnis setzen. Vielleicht kann er noch Fragen beantworten oder Zweifel zerstreuen.

Brustpflege

Die Brust wird in der Schwangerschaft größer. Das wachsende Gewebe ist stark durchblutet. Die Haut muß sich dehnen. Dieser Prozeß kann unterstützt werden, indem die Brust etwa ab der 30. Schwangerschaftswoche besonders gepflegt wird.

Hautpflege und Abhärtung

Um die Durchblutung zu unterstützen, sollte die Brust morgens und abends im Wechsel warm-kalt geduscht werden. Eine pflegende Creme oder ein Öl, mit sanftem Streichen ohne Druck in die Brust einmassiert, erhöhen die Elastizität von Haut und Gewebe und können so mit dazu beitragen, Schwangerschaftsstreifen (Risse in der Unterhaut), die auch an der Brust und nicht nur an Bauch, Hüften und Oberschenkeln entstehen können, zu vermeiden.

Büstenhalter

Ein gut sitzender Büstenhalter, der die schwerer werdende Brust stützen, aber keinesfalls einengen sollte, wird von vielen Frauen in der Schwangerschaft als unerläßlich empfunden. Frauen mit kleinen Brüsten, die gewohnt sind, ohne Büstenhalter zu gehen, werden ihn eher als lästig empfinden. Tun Sie sich keinen Zwang an, und entscheiden Sie individuell.

Brustwarzenpflege in Schwangerschaft und Stillzeit

Das Saugen Ihres Kindes an der Brust kann ohne entsprechende Vorbereitung bereits während der Schwangerschaft sehr schmerzhaft für die Brustwarzen sein. Viele Frauen geben schon in den ersten Tagen das Stillen auf, weil die Brustwarzen wund genuckelt sind und Stillen keine Freude, sondern eine mit Schmerzen verbundene Mühe geworden ist. Es können kleine Risse an der Brustwarze entstehen, die bluten und das Stillen fast unmöglich machen.

Natürlich gibt es Behandlungsmöglichkeiten, und Panik ist fehl am Platze, aber Vorbeugen ist sehr viel einfacher und schmerzloser als Heilen: Die Brustwarzen müssen also in die Pflege der Brust einbezogen werden.

Abhärten – Waschen

Normalerweise ist die Reibung der Brustwarzen an der Kleidung eine ausreichende Abhärtungsmaßnahme. Gehen Sie deshalb so oft Sie können ohne Büstenhalter. Ein weiteres einfaches Mittel zur Abhärtung sind Luft- und Sonnenbäder.

Nehmen Sie sowohl in der Schwangerschaft als auch in der Stillzeit nur klares Wasser, wenn Sie die Brust waschen. Seife trocknet die Haut allzu leicht aus und begünstigt Risse in der Brustwarze. Reiben Sie die Brustwarzen nach dem Waschen sanft mit einem Frottiertuch ab.

Natürlich kann Ihr Partner Ihre Brüste und Brustwarzen sowohl während der Schwangerschaft als auch während der Stillzeit berühren. In der Hinsicht gibt es keinerlei Tabus.

Das Ausstreichen der Brust

Viele Frauen haben gute Erfahrungen damit gemacht, in den letzten sechs bis acht Wochen der Schwangerschaft das Ausstreichen der Brust mit der Hand in die Brustpflege einzubeziehen: Durch sanfte Massage sollen die Milchgänge geöffnet und Stauungen beim Einschießen der Milch vermieden werden. Die Menge an Vormilch soll dadurch gesteigert werden, die „richtige" Milch häufig früher einschießen.

Das Ausstreichen der Brust nach Applebaum geschieht wie nachfolgend abgebildet.

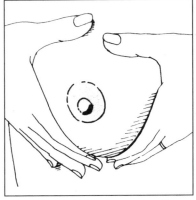
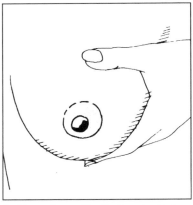

1 Beide Hände umfassen eine Brust, Daumen oben, die übrigen Finger unten. Massieren Sie sanft in Richtung Brustwarze

2 Nun stützen Sie die Brust mit einer Hand, dadurch wird die andere Hand frei

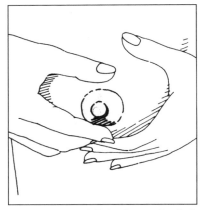
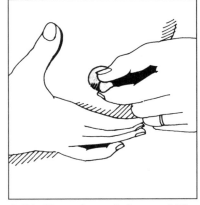

3 Daumen und Zeigefinger der freien Hand liegen am Rand des Warzenhofs, drücken zuerst nach hinten in Richtung Brustkorb, dann zusammen und nach vorn, bis Sekret erscheint

4 Die Warze fest zwischen zwei Finger nehmen, mehrmals herausziehen und wieder hineindrücken

Frühes Anlegen an die Brust

Tatsächlich ist das Neugeborene auf diesen Augenblick gut vorbereitet. Es ist bekannt, daß die komplizierten Vorgänge, die es dem Säugling ermöglichen, die Brust zu suchen, zu finden und an ihr zu saugen, schon in der ersten Hälfte der Schwangerschaft zu reifen beginnen. Etwa dreißig Minuten nach der Geburt erreicht das Saugvermögen des Kindes einen ersten Höhepunkt. Es sollte genutzt werden. Wenn die Mutter unter Narkose- oder Medikamenteneinwirkung steht, von der auch das Kind noch betroffen ist, wird der erste Saugversuch wenig erfolgreich verlaufen, das Kind wird schläfrig sein. Aber: Beim ersten Saugversuch kommt es nicht darauf an, daß das Kind schon Milch erhält! Das Saugen an der Brust ist ein Signal für den Körper der Mutter, mit der Produktion von Milch zu beginnen.

Das frühe Anlegen ist also als Milchbildungsanreiz zu sehen. Vieles spricht dafür, daß es dazu beiträgt, den frühen Milchfluß zu begünstigen und Milchstauungen beim sogenannten Einschuß seltener werden zu lassen. Auch könnte es sein, daß frühes Anlegen eine längere und ergiebigere Stillzeit einleitet, wie verschiedene Untersuchungen wahrscheinlich gemacht haben.

Daß Sie vor dem ersten Anlegen, insbesondere wenn es unmittelbar nach der Geburt erfolgt, Unsicherheit fühlen, ist völlig normal. Nur wenige Mütter haben die Sicherheit und das Vertrauen in die Fähigkeit, mit ihrem Kind richtig umgehen zu können. Lassen Sie sich ein wenig von Ihrem Kind leiten, und beachten Sie seine Signale. Das Kind wird mit dem Mund suchen: ein Zeichen, daß es zum Saugen bereit ist.

Eine freundliche Hebamme oder eine Säuglingsschwester wird Ihnen beistehen. Sie wird Ihnen Mut machen, Ihrem Instinkt zu folgen.

Ob das erste Anlegen im Sitzen oder Liegen erfolgt, hängt wesentlich davon ab, in welcher Position Sie sich am wohlsten fühlen und wie Ihr Befinden nach der Geburt ist.

Das erste Anlegen des Kindes sollte nicht gestört werden; wenn möglich, sollten Eltern und Kind dabei ein wenig allein gelassen werden. Jede Ablenkung von außen ist während dieser wichtigen Phase überflüssig. Ob die Familie zu diesem Zeitpunkt schon unter sich sein kann, hängt selbstverständlich von den medizinisch notwendigen Maßnahmen ab.

Erstes Anlegen im Liegen

War zum Beispiel ein Dammschnitt notwendig, der jetzt versorgt werden muß, dann stillen Sie vorzugsweise im Liegen. Das Kind sollte in Ihrem Arm liegen, und Sie sollten sich dem Kind zuwenden. Der Körper Ihres Kindes und der Ihre sollten einander zugewandt sein, nicht nur die Brust dem Kopf des Kindes entgegengestreckt werden. Halten Sie Ihr Kind nun eng an Ihren Körper, so daß Sie mit der Brustwarze seine Unterlippe berühren können. Das wache Kind wird spontan seinen Mund öffnen und nach der Brustwarze suchen. Dies ist ein angeborenes Reflexverhalten. Mit der freien Hand halten Sie die Brust (Finger unten, Daumen oben) weit hinter dem Vorhof. Achten Sie darauf, daß Ihr Kind nicht nur die Brustwarze, sondern den Vorhof ganz oder teilweise mit seinen Lippen umschließt. Dadurch, daß die Brustwarze den oberen Gaumen des Kindes berührt, wird der Saugreflex hervorgerufen. Ist Ihr Säugling nicht spontan bereit, die Warze zu fassen, dann hilft nur ruhige Gelassenheit. Niemals sollte der Kopf Ihres Kindes mit der Hand umschlossen und an die Brust gedrückt werden. Ihr Kind wird dadurch nur irritiert und weiß nicht, zu welcher Seite es sich wenden soll. Hat das Kind die Warze erst einmal gefaßt, dann sollte es saugen dürfen, so lange es möchte. Es ist nicht selten, daß die Kinder bereits nach wenigen Minuten ruhig einschlafen.

Erstes Anlegen im Sitzen

Ziehen Sie es vor und sind Sie in der Lage, Ihr Kind im Sitzen zu stillen, so sollten Sie es so bequem wie möglich haben. Feste Kissen zur Unterstützung im Rücken und eventuell eine Knierolle tragen zum entspannten Sitzen bei. Sie sollten Ihren Oberkörper nun leicht nach vorn beugen und sich nicht zurücklehnen. Das Kind wird entweder mit dem rechten oder linken Arm gehalten und wieder mit seinem ganzen Körper dem Ihren zugewandt. Wichtig ist, daß das Kind nicht den Kopf wenden muß, um die Brust zu erreichen. Ohr, Schulter und Hüfte des Kindes müssen eine gerade Linie bilden, dann liegt es richtig in Ihrem Arm. Wie beim Stillen im Liegen achten Sie darauf, daß Sie die Brust nicht vom Kind wegdrücken, um seine Nase freizuhalten. Ziehen Sie das Kind dichter an sich heran und gleichzeitig höher, so daß sein Kinn ebenfalls Ihre Brust berührt.

Vorsicht vor Unterkühlung!

Sind Sie und Ihr Kind während dieses ersten Stillens weitgehend unbekleidet, so muß – um Unterkühlung zu vermeiden – entweder ein Wärmestrahler oder eine vorgewärmte Decke zum Schutz verfügbar sein. Nicht nur Neugeborene kühlen leicht aus, auch viele Mütter frieren nach der Geburt, bedingt durch die Anstrengung und die Veränderung im Kreislaufsystem. Wärme trägt außerdem zur Entspannung der Mutter bei.

Wenn frühes Anlegen in Frage gestellt ist

Nicht alle Mütter werden ihr Neugeborenes direkt nach der Geburt anlegen können. Eine Frau, die durch Kaiserschnitt entbunden hat, wird mit dem Anlegen warten müssen, bis die Wirkung der Medikamente nachgelassen hat und sie sich in so guter körperlicher Verfassung befindet, daß sie stillen möchte. Wenn die Mutter es wünscht und die Organisation es zuläßt, ist ein Anlegen des Kindes auch nach einem Kaiserschnitt unter örtlicher Betäubung oft möglich. Nachdem die Mutter versorgt wurde, steht dem Stillen des Kindes kaum etwas im Wege. Häufig wird das erste Anlegen aber erst möglich sein, wenn Sie den Operationssaal verlassen haben und in Ihrem Zimmer liegen. Hat eine Mutter während der Geburt starke Medikamente erhal-

ten, so wird sie in den meisten Fällen zu müde sein, um sich durch das Stillen auf ihr Kind einstellen zu können. Eine hohe Dosis an Schmerzmitteln ist häufig die Ursache dafür, daß die Stillbeziehung zunächst nicht richtig in Gang kommt. Besprechen Sie mit Ihrem Frauenarzt diese Möglichkeit schon vor der Geburt.

Ist frühes Anlegen nicht möglich, so sollte es zum frühestmöglichen Zeitpunkt nachgeholt werden. Sie müssen aber wissen, daß der Saugreflex nach dem ersten Höhepunkt (im Anschluß an die Geburt) zunächst einmal weniger intensiv ist und erst am zweiten Lebenstag wieder in voller Intensität zurückkehrt. Im allgemeinen sollten Säuglinge, auch wenn sie „spät" angelegt werden, innerhalb der ersten sechs Lebensstunden Gelegenheit haben, an der Brust der Mutter zu saugen.

„Rooming-in"

Die „Rooming-in"-Methode bedeutet die gemeinsame Unterbringung von Mutter und Kind in einem Zimmer. Diese Art der Versorgung beider nach der Geburt hat sich inzwischen auch im deutschsprachigen Raum in immer mehr Geburtskliniken durchgesetzt.

Eigentlich ist „Rooming-in" die natürlichste Sache der Welt. Die Entwicklung der Geburtshilfe in den vergangenen Jahrzehnten hatte in vielen Ländern dazu geführt, daß Mutter und Kind nach der Geburt getrennt wurden. Säuglinge wurden in besonderen Säuglingszimmern isoliert und nur zu den Mahlzeiten (tagsüber!) zu ihren Müttern gebracht. Die Kinder sollten auf diese Weise vor Infektionen geschützt werden. Auch glaubte man sie unter der Obhut der Schwester und des nahen Arztes grundsätzlich besser beobachtet und überwacht, falls Störungen auftreten sollten. Aus der damaligen Sicht war diese Einstellung verständlich. Die Infektionsanfälligkeit des jungen Säuglings war bekannt, der Fortschritt der Medizin verlieh dem Vertrauen in die fachlich geschulte Überwachung höchsten Rang. Neuere Erkenntnisse haben nun gezeigt, daß der junge Säugling – wie bereits erwähnt – gerade gegen diejenigen Krankheitskeime, die in der Umgebung der Mutter Schaden anrichten können, durch Abwehrstoffe der Mutter geschützt ist, von denen ein Teil bereits im Mutterleib durch das mütterliche Blut auf das Kind übergegangen ist. Wie schon auf Seite 18 beschrieben, wird dieser Schutz aber erst richtig ausgebaut, wenn die Mutter ihr Kind stillt und ihm mit der Mutter-milch weitere Abwehrstoffe zukommen läßt.

Es besteht natürlich kein Zweifel, daß Neugeborene, die in der Schwangerschaft beziehungsweise unter der Geburt irgendeinem Risiko ausgesetzt waren oder bei denen mit Anpassungsstörungen nach der Geburt zu rechnen ist, unter besonderer Beobachtung verbleiben müssen und gegebenenfalls nicht gleich ständig zur Mutter können.

Die Vorteile des „Rooming-in"

„Rooming-in" ermöglicht Mutter und Kind, sich gegenseitig kennenzulernen. Gerade nach der Geburt, wenn die Mutter besonders aufnahmebereit für den Kontakt mit ihrem Säugling ist, lernt sie am begierigsten und schnellsten die „Signale", mit denen ihr Kind sich verständlich macht. Sie lernt seine Eigenständigkeit im Hinblick auf den Nahrungsbedarf und seine Trinkgewohnheiten kennen.

Die meisten Mütter begrüßen das „Rooming-in":

▶ Sie lernen stillen und pflegen. Unter der Anleitung und im Gespräch mit fachkundigem Personal ist ihnen die Möglichkeit gegeben, Handgriffe zu lernen, Informationen einzuholen und dadurch Ängste in den ersten Tagen nach der Geburt zu überwinden.

► Sie können fragen. Gerade Mütter, die ihr erstes Kind bekommen, werden glücklich sein, in den ersten Tagen viele Fragen, die erst nach der Geburt des Kindes auftauchen, beantwortet zu bekommen. Es erspart nach der Übersiedlung nach Hause viele Unsicherheiten!

► Sie können den Arzt bei der Untersuchung beobachten, wenn er die zweite Vorsorgeuntersuchung in Gegenwart der Mutter vornimmt. Sie können sich davon überzeugen, ob alles, was Ihr Kind können muß, wirklich funktioniert, ob alle Organe, die untersucht werden, gesund sind und ob sie beruhigt nach Hause gehen können. Wenn der Arzt etwas findet, das eine spezielle Überwachung durch häufige Arztbesuche nach sich zieht, so kann die Mutter sich erklären lassen, worum es sich handelt, vielleicht auch schon erfahren, womit sie zu rechnen hat.

► Der Vater kann schon früh an der Pflege des Kindes teilnehmen. Dies ist ein besonders großer Vorteil des „Rooming-in"-Systems.

Verschiedene Formen des „Rooming-in"

Es gibt verschiedene Möglichkeiten, „Rooming-in" zu praktizieren: In manchen Kliniken werden die Kinder nach dem anfänglichen Beisammensein im Kreißsaal zunächst 24 bis 28 Stunden im Säuglingszimmer beobachtet. In dieser Zeit kann die Mutter sich so weit erholen, daß sie dann auch die pflegerischen Handgriffe bei ihrem Kind übernehmen kann. Ärzte und Schwestern haben dann die Sicherheit, daß sie einer pflegebereiten Mutter ein gesundes Kind an die Seite geben können. Manche Mütter sind aber in der Lage, gleich nach der Geburt ihr Kind pflegerisch zu versorgen. Äußern Sie Ihre Wünsche! Manche Kliniken führen „Rooming in" nur tagsüber durch und nehmen die Kinder nachts in das Kinderzimmer zurück. In anderen Kliniken werden die Kinder auf Wunsch für Stunden bei der Mutter gelassen. „Rooming-in" kann im Einzel- oder in Mehrbettzimmern durchgeführt werden. Es gibt eigentlich keine Probleme, wenn sich zwei oder auch drei Mütter gemeinsam darauf einigen, ihre Kinder Tag und Nacht im Zimmer zu haben. Oft sind die Nächte allerdings ein wenig unruhig. Der sogenannte Ammenschlaf – das heißt der Schlaf, aus dem die Mutter nur aufwacht, wenn ihr eigenes Kind schreit – ist wohl doch nicht so weit verbreitet. Nach unserer Ansicht sollte „Rooming-in", wenn irgend möglich, Tag und Nacht ausgeübt werden. Nur auf diese Weise lernt die Mutter das Verhalten ihres Kindes wirklich kennen. Gerade nachts tauchen Ängste auf, alleingelassen und hilflos zu sein. Viele Mütter betonen ganz besonders, daß das „Rooming-in" nachts, mit der Möglichkeit, in der Not eine Schwester um Rat zu fragen, ein besonderer Gewinn ist. Gerade auch im Hinblick auf den unregelmäßigen Nahrungsrhythmus des Kindes ist das nächtliche Beisammensein von Mutter und Kind zu empfehlen, denn nur dann ist Stillen nach Bedarf möglich.

Probleme beim „Rooming-in"

Probleme beim „Rooming-in" können auftreten, wenn Mütter aus gesundheitlichen Gründen nicht in der Lage sind, ohne Unterstützung durch das Pflegepersonal ihr Kind zu versorgen. Bei der heutigen Personalsituation in den Krankenhäusern können die Schwestern aber aus Zeitmangel manche ihrer Aufgaben nicht so erfüllen, wie die Mütter es von ihnen erwarten. Dann haben sie vielleicht das Gefühl, im Stich gelassen zu werden, und empfinden das „Rooming-in" als Belastung. Junge Mütter sollten sich nicht dazu gezwungen sehen, ihr Kind Tag und Nacht bei sich haben zu müssen. In jeder Klinik ist es möglich, das Neugeborene zeitweilig wieder in die Obhut einer Kinderschwester zu geben, wenn man sich im Augenblick überfordert fühlt.

Ein weiteres Problem kann durch die heute übliche großzügige Besuchszeitregelung entstehen. Die Väter und Geschwister des Babys haben in den meisten Kliniken jederzeit Zutritt. Für die übrigen Verwandten und Freunde sind zwar im allgemeinen feste Besuchszeiten vorgesehen, aber oft hält sich niemand daran. So kommt es, daß manche junge Mutter regelrecht von Besuchermassen umlagert wird. Das Pflegepersonal hat jedoch nicht die Zeit, hier reglementierend einzugreifen. Jeder muß im eigenen Interesse für eine Beschränkung sorgen, denn viel wichtiger als die Glückwünsche der Angehörigen ist jetzt Ruhe für die Wöchnerin und ihr Neugeborenes, vor allem für die stillende Mutter. Das gleiche gilt für die Bettnachbarinnen, die mit ihr das Zimmer teilen. Auch sie haben Anspruch auf Rücksichtnahme.

„Rooming-in" kann ebenfalls für die Klinik ein Problem darstellen. Es bedeutet nämlich keinesfalls

Entlastung für die Kinderschwestern. Um konkurrenzfähig zu sein, müssen die Entbindungsabteilungen das Zusammensein von Mutter und Kind anbieten. Bestehende Personalengpässe zwingen sie aber oft dazu, Einschränkungen vorzunehmen.

Außerdem ist heute manches anders als früher. Viele Erstgebärende halten mit ihrem eigenen Kind zum ersten Mal ein Baby im Arm. Wenn sie nicht durch einen Säuglingspflegelehrgang geschult wurden und sich auch nicht durch gute Fachbücher informiert haben, benötigen sie ständige Anleitung durch die Kinderschwestern. Die unerfahrenen Mütter stellen zudem viele Fragen. Durch die Möglichkeit, ihr Kind bei sich zu haben, werden sie in seinem Aussehen und Verhalten Eigentümlichkeiten beobachten, die sie beunruhigen. Meist fehlt den Schwestern aber die Zeit, manchmal aber auch das Geschick, auf alle Fragen geduldig einzugehen. Die Mütter bleiben frustriert zurück und erleben das „Rooming-in"-System als Enttäuschung. Deshalb sollte jede Frau, die ihr erstes Kind erwartet, unbedingt einen Säuglingspflegekurs besuchen, wenn sich dazu in ihrer Umgebung eine Gelegenheit bietet! Damit entlastet sie das Pflegepersonal und gewinnt für sich selbst schöne, unbeschwerte Tage in der Klinik.

Stillen beim „Rooming-in"

Die ersten Tage

Das Neugeborene wird sich etwa alle zwei Stunden bemerkbar machen, manchmal in noch kürzeren, manchmal in längeren Abständen. Sie sollten es dann an die Brust nehmen und trinken lassen.

In den ersten beiden Tagen werden die Trinkmengen noch gering sein. Aber diese Vormilch enthält bekanntlich wertvolle Schutzstoffe. Häufiges Anlegen regt die Milchbildung an und beugt möglicherweise einem schmerzhaften „Milcheinschuß" vor.

In vielen Kliniken ist es heute üblich, dem Neugeborenen zur Überbrückung des Nahrungsmangels bis zur eigentlichen Milchbildung Traubenzuckerlösung oder ein Nährstoffkonzentrat zu geben. Man hat erkannt, daß das Kind nur mit geringen Energiereserven auf die Welt kommt. Diese reichen für gesunde normalgewichtige Säuglinge aus, wenn Muttermilch bald zur Verfügung steht. Große, schwere Neugeborene sowie ausgetragene Kinder mit zu niedrigem Geburtsgewicht (Mangelgeborene) oder Geburtskomplikationen haben jedoch einen erhöhten Energiebedarf. Läßt man sie hungern, können sich Stoffwechselstörungen mit Anpassungsproblemen an das eigenständige Leben entwickeln.

Dauer der ersten Mahlzeiten

In den ersten Tagen sollten Sie Ihr Kind jeweils nur wenige Minuten an jede Brustseite anlegen. Achten Sie darauf, daß es die Brustwarze weit im Mund hat, damit kein unnötiger Sog auf die Brustwarzenspitze entsteht. Richtiges Anlegen tut nicht weh! Versuchen Sie, entspannt zu sein und störende Ablenkung von außen auszuschalten; so läuft die Milch leichter. Auch eine zu mitteilsame Bettnachbarin sollte gegebenenfalls freundlich um Ruhe gebeten werden.

Die Mahlzeit beenden

Hat Ihr Kind in Ruhe und mit gutem Appetit an einer Stelle getrunken, sollte es abgenommen werden. Niemals sollte es einfach von der Brust gezogen werden. Der entstehende Sog ist stark, schmerzhaft, und die Brustwarze kann leicht einreißen.
Schieben Sie den kleinen Finger der freien Hand vorsichtig zwischen Brustwarze und Mundwinkel Ihres Kindes: Der Sog wird abgebrochen, und das Kind läßt die Warze los. Jetzt kann es einen Moment aufrecht gehalten werden, wobei sein Rücken leicht ge-

streichelt wird, um den Abgang geschluckter Luft („Bäuerchen") zu erleichtern. Es kann vorkommen, daß gestillte Kinder gar kein „Bäuerchen" machen müssen, da sie sehr viel weniger Luft schlucken als Flaschenkinder.

Anlegen an beiden Seiten

Damit die Milchbildung von Anfang an besser in Gang kommt, sollten Sie Ihr Kind bei jedem Stillen immer an beiden Brüsten saugen lassen. Nur wenige Mütter produzieren so viel Milch, daß eine Brustseite ausreicht, das Kind satt zu machen. Wenn Sie tatsächlich einen Milchüberschuß haben, sollten Sie den Säugling, vor allem in späterer Zeit, jeweils nur an einer Seite trinken lassen. Durch den häufigen Saugreiz wird sonst noch mehr Milch gebildet. Wenn Sie sich allerdings einen Vorrat für „Notfälle" anlegen wollen, können Sie die überschüssige Milch abpumpen, in Plastikflaschen (mit Datum versehen!) einfrieren und bis zu drei Monaten aufheben.
Am Anfang ist es besser, die Stillzeit zu begrenzen. Sind Ihre Brustwarzen nicht mehr empfindlich, kann Ihr Baby an der zweiten Brust so lange saugen, wie es möchte. Erfahrungsgemäß schlafen die meisten Säuglinge dabei ein und können dann in ihr Bettchen gelegt werden.

Die nächste Mahlzeit beginnt an der zuletzt gereichten Brust, da diese vielleicht nicht ganz leer getrunken wurde. Die möglichst vollständige Entleerung der Brust ist der beste Anreiz zur erneuten Milchbildung. Sie lernen das bald erkennen: Die vorher prall gefüllte, schwere Brust wird weich und schlaff, bei Druck auf den Brustwarzenansatz (mit dem Daumen und Zeigefinger) kommen nur noch wenige Tropfen Milch heraus.

Hat mein Kind genug bekommen?

Ist das Kind nach dem Stillen zufrieden und schläft es mindestens zwei bis drei Stunden zwischen den Mahlzeiten, so ist das ein Zeichen dafür, daß es genug Milch bekommt. Hat es einmal sehr viel getrunken (weil mehr zur Verfügung stand), meldet es sich vielleicht erst nach vier oder fünf Stunden wieder.
Ein anderes Zeichen für ausreichende Nahrung ist das Aussehen des Brustkindes: Es hat eine rosige Farbe, glatte Haut und ein pralles Unterhautgewebe. Auch ständig nasse Windeln bei jedem Wickeln zeigen an, daß der Flüssigkeitsbedarf gedeckt wird.
Ist das Kind nach einigen Minuten des Saugens schon müde und schläft an der Brust ein, dann

wird es nach kurzer Zeit wieder schreien, falls die Milchmenge zu gering war. Ein Säugling, der zu schwach ist, um kräftig und ausgiebig an der Brust zu saugen, erhält zu wenig Nahrung, wenn er nicht häufig angelegt wird. Daß er nicht lauthals seinen Hunger kundtut, kann täuschen. Er ist vom anstrengenden Trinken möglicherweise so erschöpft, daß er lange Pausen braucht, um sich zu erholen. Vielleicht handelt es sich auch um ein außergewöhnlich ruhiges Kind. In diesen Fällen müssen Sie Ihr Baby regelmäßig wecken und einen Stillversuch machen, sonst gedeiht es nicht.

Bitte nicht ständig wiegen!

Ein gestillter Säugling, der nach Bedarf gefüttert wird, braucht nicht vor und nach jedem Anlegen an die Brust gewogen werden.
Beim gesunden, voll ausgetragenen Säugling ist es völlig ausreichend, wenn er zunächst nur einmal am Tag gewogen wird. Das Wiegen vor und nach jeder Mahlzeit, wie es häufig noch geschieht, vor allem wenn die Kinder alle vier Stunden zu den Müttern gebracht werden, führt bei diesen oft zu einem regelrechten „Leistungsdruck". Untersuchungen haben gezeigt, daß sich der Stillerfolg viel schneller und ausgiebiger einstellt, wenn Waagen und Wiegebücher aus dem Zimmer

verschwinden. Ohnehin wird der Verlauf der Gewichtskurve in der Neugeborenenzeit nur zu einem geringen Anteil durch die Nahrungszufuhr beeinflußt.

Schon das Ausschwemmen von Wassereinlagerungen beispielsweise, wie es insbesondere bei unreifen Kindern häufig vorkommt, kann Gewichtsstürze vortäuschen, die nichts mit Hunger zu tun haben.

Wiegen vor und nach der Brustmahlzeit ist also nicht sinnvoll! Es sind meist die besorgten Schwestern, die sich gerne vergewissern möchten, daß der Säugling nicht hungert. Dabei gelten die althergebrachten Trinkmengenregeln noch lange nicht für jeden Säugling, sondern können nur als sehr grobe Anhaltspunkte dienen (siehe auch Seite 49). Nicht selten stiften sie mehr Verwirrung als Nutzen. Die Mutter, die ihr regelrechtes „Soll" nicht liefert, wird unruhig, ängstlich, unsicher. Eine unbedachte Bemerkung von Arzt oder Schwester im Falle zu gering eingewogener Brustmilchmengen, macht sie nur allzu schnell bereit, mit der Flasche nachzufüllen – das Abstillen beginnt!

Möglichst nicht „zufüttern"!

Muttermilchmenge und Bedarf des Kindes (Hunger) sind von der Natur aufeinander eingestellt, vorausgesetzt, man greift in diesen Prozeß nicht ein. Das Zufüttern zwischendurch sollte in jeder Form vermieden werden, damit sich Nachfrage und Angebot gut aufeinander einspielen können. Hinzu kommt die Gefahr, daß ein zu häufig mit der Flasche gefüttertes Kind die Brust verweigern kann. Einmal kann es das einfache Saugen an der Flasche dem anstrengenderen Saugen an der Brust vorziehen, zum anderen kann es durch die Flaschennahrung so satt sein, daß es an der Brust nicht richtig trinkt. Jede Mutter, die ihr Kind stillen möchte, sollte sich mit dem Arzt und den Säuglingsschwestern absprechen, daß dem Kind nicht „zugefüttert", sondern es in jedem Fall zuerst bei der Mutter angelegt wird.

Auch nachts sollte das gestillte Kind keine künstliche Nahrung erhalten. Gerade in der ersten Zeit braucht die Brust auch diese nächtliche Stimulation, um zur weiteren Milchbildung angeregt zu werden. Und die nächtliche Ruhestörung durch den Säugling ist weniger störend für die Mutter, als eine ganze Nacht mit übervoller Brust zu verbringen, die frühmorgens so prall sein kann, daß der Säugling die Warze kaum fassen kann.

Wenn es in den ersten Tagen nicht reicht

Hier gibt es verschiedene Ursachen, die mit dem Zustand des Säuglings zusammenhängen.

Der reife und gesunde Säugling

Sollte in den ersten Tagen die Muttermilchmenge trotz häufigen Anlegens den Säugling nicht zufriedenstellen, so kann im Anschluß an das Anlegen Traubenzuckerlösung (10 Gramm auf 100 Milliliter abgekochtes Wasser) angeboten werden. Hat der Säugling schon gelernt, die Brustwarze zu fassen, so wird es kaum schädlich sein, ihm die zusätzliche Flüssigkeit mit Flasche und Sauger anzubieten. Muß er erst noch lernen, die Warze zu fassen, könnte man daran denken, zum Zufüttern den Löffel zu nehmen, damit der Säugling nicht dem Sauger den Vorzug gibt und „brustscheu" wird. Zugabe von Traubenzuckerlösung vermindert die leichte Übersäuerung und Unterzuckerung, die in den ersten Lebenstagen insbesondere bei Hunger häufig ist, die in einem gewissen Umfang aber noch als tragbar angesehen werden kann.

Der unreife Säugling oder Zustand nach Hunger im Mutterleib

Unreife Kinder, sofern sie nicht ohnehin zur besonderen Pflege in die Kinderklinik verlegt werden, lernen häufig nicht gleich das Trinken an der Mutterbrust, bedürfen aber andererseits der Nahrungszufuhr. Kinder, die im Mutterleib gehungert haben, sind daran erkennbar, daß sie für die Schwangerschaftsdauer etwas zu klein und untergewichtig geblieben sind. Der Kinderarzt wird Sie auf diesen Zustand aufmerksam machen, sofern er Ihnen nicht schon vorher vom Geburtshelfer angekündigt worden ist. Diese Störung bedarf dringend der Energiezufuhr, gerade wenn Muttermilch noch nicht genügend fließt. Hier sollte bevorzugt Frauenmilch von Spenderinnen eingesetzt werden, notfalls Flaschenmilchnahrung.

Ist der anfängliche Mangelzustand überwunden und hat das Kind gelernt, an der Brustwarze zu trinken, so kann man den Säugling nach erfolgtem Milcheinschuß im Hinblick auf die Flasche vorsichtig hungern lassen, um ihn sanft zur Muttermilchernährung zu zwingen. Keine Angst, die Milchmenge läßt sich zu jedem Zeitpunkt der Stillzeit steigern, vorausgesetzt, das Kind wird häufig genug angelegt und hat schon gelernt, kräftig zu saugen.

„Stillzeit, bitte nicht stören"!

Der Betrieb einer Klinik kann für die Patienten genauso anstrengend sein wie für das Personal.

Man sollte einmal zählen, wie oft die Klinke am Tag gedrückt wird. Häufig ist das Hin und Her kaum zu umgehen, aber manches läßt sich verschieben oder zusammenlegen.

Zum Stillen brauchen Sie Ruhe. Bitten Sie doch um ein Schild für Ihre Zimmertür, damit die Klinke erst gar nicht betätigt wird.

Stillen ohne „Rooming-in"

Obwohl die Vorteile des „Rooming-in"-Systems bekannt sind, gibt es Kliniken, die sich noch nicht hinreichend darauf eingestellt oder Schwierigkeiten haben, es einzuführen. Eine Frau, die für sich und ihr Kind „Rooming-in" wünscht, wird dann meistens die Möglichkeit haben, an eine andere Klinik auszuweichen. Natürlich gibt es Mütter, die „Rooming-in" gar nicht wünschen. Wenn sie schon mehrere Kinder zu Hause haben, wollen sie sich einmal ausruhen, zumal ihnen die Erfahrungen der ersten Tage bereits geläufig sind. Man sollte auf jeden Fall diese Entscheidung annehmen und die Mutter mit Belehrungen verschonen.

Was können Mütter tun, um voll stillen zu können, auch wenn das Kind im zentralen Säuglingszimmer untergebracht ist?

Zunächst einmal sollte eine Frau ihrem Arzt schon vor der Entbindung mitteilen, daß sie stillen möchte und Wert darauf legt, voll zu stillen. Wenn es der Geburtsverlauf erlaubt, kann die Mutter den Stillbeginn durch frühes Anlegen beschleunigen.

Alles weitere ist auch ein wenig eine Frage des guten Willens aller Beteiligten. In einer Klinik, in der die Kinder aus organisatorischen Gründen tatsächlich nur im festen Rhythmus, nämlich vierstündlich, zu den Müttern gebracht werden, sind Säuglinge nicht anders als anderswo: Sie werden wahrscheinlich selbst keinen geregelten Vier-Stunden-Rhythmus haben.

Folge: Wenn sie bei der Mutter sind, haben sie keine Lust zu trinken. Folge: Die Mutter verdächtigt die Kinderschwester, ihr Kind zwischendurch gefüttert zu haben, obwohl es gar nicht der Fall ist. Schon liegt Spannung in der Luft, und das Stillen ist gefährdet. Abhilfe läßt sich nur bedingt schaffen, nämlich indem man das Kind ein bis zwei Stunden oder länger bei der Mutter läßt, damit sie erlebt, wie es Hunger bekommt und an der Brust trinkt. Wenn es nur irgendwie möglich ist, lassen Schwestern, die den intensiven Stillwunsch einer Mutter kennen, sich meist auch dazu bewegen, das Kind nachts zu bringen, wenn es schreit.

Es ist auch für diese Mütter wichtig, zu Hause auf Bedarfsstillen überzugehen. Aber eine ganze Reihe von Säuglingen läßt sich auch bald von allein auf einen Vier-Stunden-Rhythmus ein.

Stillen zu Hause

Vorsicht! Nicht gleich übernehmen!

Wenn Sie mit Ihrem Kind nach Hause kommen, wird es nicht ohne Schwierigkeiten bleiben, sich vorrangig um den Säugling zu kümmern und ihm gerecht zu werden. Für viele Mütter ist es gar nicht so einfach: In ihrer Abwesenheit wurde der Haushalt nicht perfekt versorgt, vieles blieb liegen. Sie fühlen sich vielleicht schon stark genug, „um Bäume ausreißen zu können", und meinen, sie müßten gleich alles erledigen, ihre gewohnten Tätigkeiten wieder aufnehmen. Aber wenn Sie nachdenken, werden Sie allmählich das Gefühl verspüren, daß der tägliche „Kleinkram" im Moment gar nicht so wichtig ist. Wichtig ist allein, daß Sie sich weiterhin schonen und sich Zeit nehmen für die eigene und die Pflege des Kindes.

Die kritischen ersten sechs Wochen

Während der ersten sechs Wochen nach der Geburt geben viele Mütter das Stillen auf. Nur 44 Prozent der Mütter, die in der Klinik zu stillen begonnen haben, stillen nach einem Monat noch voll. Und selbst Frauen, die in der Klinik erfolgreich gestillt haben, „schaffen es" zu Hause einfach nicht mehr. Woran liegt das? Die Ursachen werden sich von Fall zu Fall unterscheiden, insgesamt weiß man noch wenig darüber. Bekannt ist aber, daß es etwa sechs Wochen dauert, bis die Milchbildung „eingefahren" ist. In dieser Zeit müssen sich der Appetit des Kindes und die Milchmenge aufeinander einstellen. Dieser Vorgang ist, wie bereits geschildert, in diesen ersten sechs Wochen leicht zu stören. Sind sie überstanden, wird die Milchbildung so leicht durch nichts mehr erschüttert.

Fehlende Information und Unterstützung

Ein Grund für das frühzeitige Aufgeben des Stillens ist die Unwissenheit über die Vorgänge während der Stillperiode. Sind aber Mutter und Vater informiert über die normalen Stillvorgänge, werden sie kleine Schwierigkeiten, die immer auftreten können, leicht überwinden. Der Mann, der seiner Frau Mut zuspricht oder ihr eine kleine Freude bereitet, kann viel zum Stillerfolg beitragen. Junge Mütter wissen oft nicht, an wen sie sich wenden sollen, wenn sie einen Rat oder auch nur zusprechende Unterstützung brauchen. Die eigene Mutter ist oft schon Teil jener Generation, die ihre Kinder in der Hauptsache mit der Flasche großgezogen hat, und kann häufig nicht raten.

Zuspruch oder gar direkte Hilfe sind also selten geworden. Eine gute Freundin oder eine Schwester, die ihr Kind erfolgreich stillt und durch ihr Beispiel helfen könnte, gibt es nicht immer. Die meisten Frauen, die stillen möchten, haben nie eine andere Frau beim Stillen beobachtet und sie später um Rat fragen können. In der Stillgruppe bietet sich die Gelegenheit, von Müttern und Kindern unterschiedlichen Alters dazuzulernen (siehe auch Anmerkungen auf Seite 107 f.).

Haushalt, Verwandte und Freunde

Äußere und innere Ruhe sind in den ersten Wochen wichtige Gebote für die stillende Mutter. Leicht gesagt, denn der Haushalt, vielleicht auch schon die anderen Kinder, aber auch mehr oder weniger liebe Besuche fordern ihr Recht. Versuchen Sie, gerade in diesen ersten Wochen für sich und Ihr Kind einen Freiraum zu erhalten. Gefährdend für den Stillerfolg des Alltags ist der Zweifel an Ihrer Fähigkeit, das Stillen durchzuhalten.

Lassen Sie sich auch nicht durch wohlgemeinte Bedenken und Ratschläge oder gar durch Kritik von Verwandten und Freunden verunsichern.

Wichtig ist der Vater!

Die größte Hilfe für die Frau ist der Vater des Kindes. Vielleicht ist es ihm möglich, den Jahresurlaub oder einen Teil davon in diesen ersten Lebenswochen seines Kindes zu nehmen. Es gibt ihm die Gelegenheit, sich mit seinem Kind vertraut zu machen, das Vatersein zu lernen. Zum anderen hat er die Möglichkeit, seine Frau aktiv zu unterstützen. Diese Unterstützung beschränkt sich nicht auf gelegentliches Abwaschen oder Bettenmachen, sondern bedeutet Übernahme der Verantwortung im Alltag der Familie. Sein Beitrag zur Unterstützung der Stillbeziehung ist wichtiger als alle von außerhalb der Familie kommenden Ratschläge. Keine Frau wird ihr Kind erfolgreich stillen können, wenn der Ehemann – häufig aus Unwissenheit, Ungeduld oder aber auch Unbedachtsamkeit – den Eindruck erweckt, er stehe dem Stillen ablehnend gegenüber.

Was kann der Vater denn tun, wenn er nicht einmal dem Kind die Flasche geben kann? Alles außer Stillen. Und da die Frau hierzu nun einmal die entsprechenden biologischen Voraussetzungen mitbringt, sollte er ihr die Ernährung des Säuglings ohne Neid überlassen. Vielleicht mag er statt dessen das tägliche Baden des Säuglings übernehmen. Natürlich gehört etwas Übung dazu, aber die Frauen müssen das ebenso lernen wie die Männer. Dem Vater kommt außerdem die wichtige Aufgabe zu, vor allem in den ersten Tagen über die Ruhe der Mutter beim Stillen zu wachen, liebe Besucher in der Zwischenzeit mit Charme zu unterhalten oder sie galant zu verabschieden. Als letzter Ausweg ist es sicher erlaubt, wenn man sich auf den Rat des Arztes beruft, die Mutter brauche in der Stillzeit Schonung. Verständnis ist dem Vater auch dann zu empfehlen, wenn sein Essen nicht immer pünktlich auf dem Tisch steht, wenn sein Anzug noch immer nicht aus der Reinigung geholt ist, obwohl er gerade den unbedingt gebraucht hätte, wenn 'mal wieder kein weißes Taschentuch zu finden ist, weil seine Frau sie alle zweckentfremdet hat als Stillbüstenhaltereinlagen, wenn das Baby wichtiger ist als sein Ärger am Arbeitsplatz. Humor und die Erkenntnis, daß alles nachgeholt werden kann, nicht aber diese erste Zeit mit dem Kind, helfen, selbst schwierige Situationen besser zu überstehen.

Wenn die Muttermilch nicht reicht

Hunger an der Brust

Kräftige Säuglinge tun lauthals kund, wenn sie hungrig sind. Nach allem, was bisher gesagt wurde, läßt sich in der Regel die Milchmenge steigern, wenn man den Säugling häufiger an der Brust saugen läßt. Das muß aber nicht so sein. Es gibt ruhige Kinder, solche, die beim Trinken an der Brust rascher ermüden und sich nicht melden, wenn sie mehr Muttermilch brauchen. Bei ihnen ist der Hunger an der Brust schwer zu erkennen.

Akute Gefahr ist dennoch nicht im Verzug. Es wird ohnehin jede Mutter, die auch nur den Verdacht hat, daß die Muttermilch nicht ausreicht, die Gewichtskurve ihres Kindes genau verfolgen. Solange die wöchentliche Gewichtszunahme befriedigend ist, ist auch die Milchmenge ausreichend. Bleibt die Gewichtszunahme hinter der Norm zurück, so sollte eine Wiegeprobe gemacht werden.

Unter einer Wiegeprobe versteht man das Wiegen des Säuglings vor und nach jeder Brustmahlzeit an zwei (vollen) Tagen. Nur so läßt man sich nicht durch zufällig einmal klein ausgefallene Mahlzeiten täuschen und bekommt ein recht zuverlässiges Bild von der Tagestrinkmenge an der Brust. Der Kinderarzt wird Ihnen sagen, ob sie ausreicht.

Der kräftige und temperamentvolle Säugling wird von sich aus so lange schimpfen, bis er mehr zu trinken bekommt. Läßt sich die Muttermilchmenge trotz intensiven Bemühens über mehrere Tage nicht steigern, muß zunächst Flaschennahrung, nach dem vierten Monat Breikost zugegeben werden.

Welche Milch soll zugefüttert werden (Zwiemilchernährung)?

An der Mutterbrust hat der Säugling ein zuverlässiges Gefühl für den Zeitpunkt der Sättigung. Deshalb wird er auch bei einer Fütterung nach Bedarf nicht zu dick. Nicht bei allen Säuglings-Flaschenmilchnahrungen ist es erwiesen, daß der Säugling auch hier aufhört, wenn sein Bedarf gedeckt ist. Für die in Deutschland als adaptiert bezeichneten Nahrungen gilt, daß man sie nach Bedarf füttern kann, und gerade wenn es ums Zufüttern geht, sollte man diesen Vorteil nutzen.

Wenn Sie eine Säuglingsmilchnahrung zufüttern, von der Sie wissen, daß sie nicht nach Bedarf gefüttert werden sollte, so bedeutet dies, daß Sie auch die Stillmenge wieder wiegen müssen, um dann auszurechnen, wieviel Ihr Kind noch von der Flaschenmilchnahrung trinken darf. Diesen Umstand können Sie sich sparen, wenn Sie eine adaptierte Säuglingsmilchnahrung verwenden.

Welches Milchpräparat eine adaptierte Säuglingsmilchnahrung ist, erfragen Sie am besten bei Ihrem Kinderarzt oder dem Apotheker. Außerhalb Deutschlands ist diese Bezeichnung nicht in gleicher Art und Weise gebräuchlich. Säuglingsmilchnahrungen, die für den jungen Säugling ab Geburt empfohlen werden und die als Kohlenhydrate ausschließlich Milchzucker (Laktose) enthalten, entsprechen fast immer unseren adaptierten Säuglingsmilchnahrungen.

Zufüttern, aber wie?

Stillen Sie in aller Ruhe, ohne vorher und hinterher zu wiegen. Hat Ihr Kind danach noch Hunger, und sind Sie sicher, daß sich die Milchmenge an der Brust in den letzten Tagen nicht steigern ließ, dann bereiten Sie eine Flasche adaptierter Säuglingsmilchnahrung zu und lassen Ihr Kind so lange davon trinken, bis es aufhört. Manchmal ist ein derartiges Nachfüttern nur einmal am Tag nötig. Je öfter es aber stattfindet, desto eher geht die Stillmenge allmählich zurück.

Wenn Sie glauben, Ihre Stillmenge reiche vorübergehend nicht aus, so sollten Sie die Säuglings-Flaschenmilchnahrung mit dem Löffel einflößen, damit Ihr Kind sich nicht an den Sauger gewöhnt. Andererseits, wenn Sie schon länger gestillt haben, werden Sie vielleicht ohnehin Ärger mit dem Sauger bekommen, da Ihr „brusterfahrener" Säugling ihn rigoros ablehnt. Dann muß mit Geduld gelöffelt werden!

Gibt es eine erforderliche Mindestmenge an Muttermilch?

Diese Frage ist schwer zu beantworten. Vom Standpunkt des Ernährungswissenschaftlers mag es zutreffen, daß die Vorteile der Muttermilch nicht mehr ins Gewicht fallen, wenn diese nur noch ein Drittel des Gesamtbedarfs an Milch ausmacht. Im Hinblick auf die Übertragung von Abwehrstoffen kann man es nicht sicher sagen. Aber es gibt einen einfachen Kompromiß: Wenn Ihnen Stillen Freude macht, ist jeder Tropfen sinnvoll.

Stilltechnik zu Hause

Hygiene vor und nach dem Stillen

Vor jedem Stillen sollten Sie sich gründlich die Hände waschen. Es ist nicht notwendig, die Brustwarzen vor dem Stillen zu desinfizieren, wie es häufig in der Klinik der Fall ist. Tägliches Waschen mit klarem Wasser, zum Beispiel während der täglichen Dusche, reicht aus. Nach dem Stillen sollten die Brustwarzen an der Luft trocknen, Abwaschen ist nicht nötig. Die auf den Brustwarzen verbleibende restliche Milch und der Speichel des Säuglings wirken als ausreichender Schutz. Das Auftragen von Salbe auf die Brustwarzen ist nur bei sehr empfindlichen Warzen nötig. Der Arzt wird Ihnen ein entsprechendes Präparat empfehlen.

Dauer einer Mahlzeit

Die Dauer einer Mahlzeit richtet sich nach dem Bedarf des Kindes und sollte etwa zehn bis zwanzig Minuten an einer Brust betragen. Sie müssen wissen, daß der Säugling in den ersten sieben Minuten, in denen er an einer Brust trinkt, schon den wesentlichen Anteil der Mahlzeit bekommt. Nach einer Pause für das „Bäuerchen" sollte Ihr Kind dann solange es möchte, an die andere Brustseite angelegt werden. Wenn eine Brustmahlzeit, bei der das Kind an beiden Seiten trinkt, länger als vierzig Minuten dauert, sollten Sie sich Rat holen, es sei denn, daß Sie sie aus Spaß und Freude so lange dauern lassen.

Machen Sie es sich bequem!

Sie sollten es zum Stillen so bequem wie möglich haben. Ein gemütlicher Sessel mit dicken Armlehnen, auf die man den Arm, der das Baby hält, aufstützen kann, eine Fußbank oder ein Hocker, um die Füße aufstützen zu können, werden von vielen Frauen als sehr angenehm empfunden. Wahre Wunder hinsichtlich der Entspannung von Mutter und Kind bewirkt ein Schaukelstuhl. Sie sollten versuchen, Telefon oder Türglocke während des Stillens möglichst zu überhören. Auch ein kleines Hinweisschild an der Tür („Bitte jetzt nicht stören!") wird wohl niemand übelnehmen.
Ist Ihr Kind an der Brust eingeschlafen, kann es in sein Bettchen gelegt werden. Viele Mütter können sich allerdings schwer von dem in ihrem Arm schlafenden Kind trennen und möchten gerne noch etwas mit ihm zusammensein. Nehmen Sie sich die Zeit dafür! Es sind glückliche Augenblicke, die unwiederbringlich sind. Genießen Sie Ihr Kind, es wird schneller, als es Ihnen lieb ist, selbständig sein.

Manche Frauen stillen lieber im Liegen. Da bietet sich das Ehebett geradezu an (oder auch der Fußboden, auf dem Decken oder ein Fell ausgebreitet werden können): Eventuell schlafen Mutter und Kind zusammen ein, wobei die Mutter den nötigen Mittagsschlaf erhält (selbst wenn dieser somit auf den frühen Vormittag verlegt wird!). Natürlich können Sie, nachdem der Säugling eingeschlafen ist und die Brustwarze losgelassen hat, auch aufstehen und sich Zeit für andere Dinge nehmen. Ihr Kind kann im großen Bett liegen bleiben. Bei jungen Säuglingen braucht man keine Angst zu haben, daß sie aus dem Bett fallen, nach einigen Wochen muß man vorsichtiger sein. Das Kind im Bett zu stillen ist besonders günstig bei unruhigen Kindern, die sofort aufwachen, wenn man sich bewegt. Indem die Mutter das Kind „in den Schlaf stillt", wird auch sie zur Ruhe und zum Abschalten verführt. Sie sollten es annehmen, daß der Säugling Sie allein durch die Freude, die Sie an ihm haben, so ganz mit Beschlag belegt.

Babys Mund muß Brustwarze und Warzenhof umschließen

Nachtmahlzeiten

Das frühzeitige nächtliche Durchschlafen des Säuglings wird von vielen Eltern als eine Art Erziehungsziel betrachtet. Mit verschiedenen Mitteln wird schon bald versucht, das Kind zu einer längeren Nachtpause zu bewegen, selten mit großem Erfolg. Sollte Ihr Kind nicht zu den wenigen gehören, die von Anfang an freiwillig eine längere Nachtpause einlegen, dann werden Sie nicht ungeduldig. Denken Sie bitte daran, daß Ihr Kind während der gesamten Schwangerschaft zu jedem Zeitpunkt soviel Nahrung bekommen konnte, wie es brauchte. Jetzt, nach der Geburt, soll es plötzlich in wenigen Tagen lernen, sich dem Rhythmus der Eltern anzupassen und nachts durchzuschlafen. Ziel der elterlichen Bemühungen sollte es sein, ein zufriedenes Kind zu haben – und das muß nicht gleichbedeutend sein mit einem Kind, das nachts durchschläft. Deshalb sagen Sie ja zum nächtlichen Stillen! Außerdem: Welche stillende Mutter wird ihr Kind nachts weinen lassen, wenn das Weinen gleichzeitig ihren Milchausscheidungsreflex auslöst und die Milch zu tropfen anfängt?

Der Säugling im Bett der Eltern?

„Nachtmahlzeiten" sollten so unkompliziert wie möglich sein! Dazu sollte die Wiege oder das Bettchen des Kindes so gestellt werden, daß die Mutter ihr Kind nachts zu sich ins Bett nehmen kann, ohne extra aufstehen zu müssen. Ohne große Störung der elterlichen, insbesondere der väterlichen Nachtruhe wird das Baby gestillt und, nachdem es an der Brust eingeschlafen ist, wieder in sein Bettchen gelegt. Ist der Säugling warm und sein Windelpaket nicht völlig durchnäßt, so kann man bei Kindern mit unempfindlicher Haut ruhig darauf verzichten, sie jedesmal trockenzulegen. Wenn Sie den Wunsch haben, Ihr Kind bei sich im Bett zu behalten, dann tun Sie dies ohne Furcht und freuen Sie sich an der Nähe des Kindes. Gerade nachts haben viele Kinder – auch solche, die dem Säuglingsalter entwachsen sind – das Bedürfnis nach Geborgenheit und Sicherheit, die durch die Nähe der Eltern vermittelt werden. Das „Familienbett" ist möglicherweise die Lösung für viele Eltern und ihre Kinder: groß genug für ungestörten Schlaf, kann es für alle Familienmitglieder eine Bereicherung bedeuten.

Andere Möglichkeiten, nachts zu stillen

Wer sich nicht vertraut machen möchte mit dem Gedanken des „Familienbettes", dem bieten sich auch andere Lösungen für das ungestörte nächtliche Stillen. Mütter, die schon mehrere Kinder haben, freuen sich oft auf das nächtliche Stillen des Neugeborenen, denn dann können sie sich ausschließlich auf dieses Kind konzentrieren. Dies können ruhige, friedliche Momente sein, von denen die Mutter und auch das Kind tagsüber zehren. Schläft der Säugling in einem separaten Zimmer, dann kann ein bequemer Sessel oder Schaukelstuhl zum nächtlichen Stillen – natürlich auch für tagsüber – dort stehen, möglichst mit einer warmen Dekke in Reichweite, in die Mutter und Kind sich bequem einkuscheln können.

Viele Mütter legen sich nachts gerne an die Seite des Kindes, auch wenn es nicht im gemeinsamen Schlafzimmer schläft. Ein Sofa oder ein Matratzenlager auf dem Fußboden kann dieses Problem lösen.

Immer mehr Eltern machen ausgezeichnete Erfahrungen damit, ihre Säuglinge von Anfang an auf weichen Schaffellen schlafen zu lassen, die waschbar, hygienisch und warm sind. Auch in Kliniken haben diese Felle vereinzelt schon Einzug gehalten, da sie sich durch ständige Hautstimulierung vorteilhaft auf die Kinder auswirken und ihnen ein Gefühl der Geborgenheit vermitteln. Die Kinder sollten direkt auf dem Fell schlafen, kein Laken darüber. Einmal daran gewöhnte Kinder werden überall problemlos schlafen, wenn sie nur „ihr Fell" dabeihaben!

Die Steigerung der Milchmenge

Sollten Sie je das Gefühl haben, nicht mehr genug Milch zu produzieren, beispielsweise nachdem das Kind wegen eines leichten Schnupfens einige Tage schlechter getrunken hat, dann helfen Tage intensiven Stillens, die Milchbildung wieder anzuregen. Selbst Frauen, die schon halb zur Flaschennahrung übergegangen sind, können ihre Milchmenge wieder bis zum vollen Bedarf steigern. Selbst wenn Sie aus irgendwelchen Gründen gezwungen sind, vorübergehend nicht zu stillen, können Sie die volle Stilleistung wieder erreichen, wenn Sie einige Regeln beachten: Wie schon besprochen, wird normalerweise der vermehrte Appetit des Kindes dafür sorgen, daß es sich häufiger meldet, um gestillt zu werden. Nach einigen Tagen dieses intensiveren Stillens (das heißt etwa alle zwei Stunden) wird die Milchmenge wieder dem Hunger des Kindes entsprechen, und es wird sich dann auf eine längere Pause zwischen den Mahlzeiten einlassen. Wichtig dabei ist, daß Sie sich in dieser Zeit Ruhe gönnen, viel schlafen und sich hinreichend ernähren.

Wollen Sie von „Zwiemilchernährung" wieder zurück auf volle Muttermilchernährung, so gilt auch hier: Häufiges Anlegen steigert die Milchmenge. Ist der Säugling an der Brust zufrieden, brauchen Sie nichts nachzufüttern, lassen Sie ihn einfach an der Brust saugen, solange er mag. Erst eine Seite, dann die andere, auch häufiges Hin- und Herwechseln bei einer Stillzeit ist durchaus gestattet. Füttern Sie nur dann etwas zu, wenn Sie ganz sicher sind, daß Ihr Kind hungrig ist. Saugen wird der Säugling an allem, was ihm geboten wird: am kleinen Finger, am Beruhigungssauger oder am Fläschchen. Nehmen Sie deshalb bitte dieses Saugen nicht unbedingt für Hunger! Reduzieren Sie langsam die Menge der zugefütterten Nahrung, während Sie das Kind häufiger an die Brust nehmen. In kurzer Zeit können Sie so die volle Stillmenge erreichen, was aber nicht von einem Tag auf den anderen geschehen muß. Ein bißchen Hilfe und Unterstützung einer stillerfahrenen Mutter können von großem Nutzen sein, außerdem sollten Sie Ihr Kind in dieser Zeit täglich einmal wiegen, zur Kontrolle und zu Ihrer Sicherheit.

Ein bißchen Freizeit ist wichtig!

Ist dieses Ihr erstes Kind, dann haben Sie viel Zeit, sich mit ihm zu beschäftigen und auf seine Bedürfnisse einzugehen. Es ist meist leicht, den Tagesrhythmus durch die Fürsorge für das Kind bestimmen zu lassen. Auch wenn Sie nachts stillen und dadurch Ihre Nachtruhe in den ersten Wochen leidet, können Sie durch Ruhepausen während des Tages Ausgleich schaffen. Versuchen Sie, den täglichen Mittagsschlaf einzuhalten, denn neben guter Ernährung ist Ruhe eine wichtige Voraussetzung zum erfolgreichen Stillen. Eine Frau, die tagsüber nicht schlafen kann, sollte die Ruhepausen trotzdem einhalten. Eine Stunde pro Tag, in der Sie das tun, was Ihnen Freude macht, ist wichtig für Ihr Wohlbefinden. Eine Mutter, die ihre Bedürfnisse immer zurückstellen muß, wird bald unzufrieden sein und meinen, das Kind verlange zuviel von ihr. Dadurch kann das Verhältnis zwischen Ihnen und Ihrem Kind mehr oder weniger empfindlich gestört werden. Keine Frau sollte ein schlechtes Gewissen haben, wenn sie sich einmal am Tag ausschließlich Zeit für sich selbst nimmt.

Stillen und ältere Geschwister

Für die Mutter, die schon mehrere Kinder zu versorgen hat, wird dies nicht immer ganz einfach sein, denn die Kinder fordern alle ihr Recht. Mit größeren Kindern sollten die Eltern in jedem Fall darüber sprechen, was sich durch den Familienzuwachs für sie ändert. Schon vier- bis fünfjährigen Geschwistern kann man erklären, wieviel Zeit „das Baby" in den ersten Monaten beansprucht, daß es schwer warten kann auf das Essen und daß die Mutter aus diesem Grund nicht jederzeit bereit sein kann, mit den älteren Geschwistern zu spielen. Eltern sollten nie voraussetzen, daß größere Kinder wissen, daß sie trotz der Neuankunft des Kleinen weiter geliebt werden, und sollten dies darum häufig betonen. Gleichzeitig sollte den Kindern erklärt werden, daß es ebenso war, als sie selbst klein waren. Sie interessieren sich dann auch besonders für Bilder aus ihrer eigenen Säuglingszeit. Ältere Kinder sollten auch nicht von der Versorgung des Säuglings ausgeschlossen sein. Gerade in den ersten Wochen ist es wichtig, daß auch sie den Säugling anfassen und halten dürfen, möglichst immer unter der wachsamen Aufsicht der Mutter oder des Vaters. Bei der Pflege können Kinder aller Altersstufen einbezogen werden, wobei natürlich Unterschiede zu machen sind: Ein dreijähriges Kind kann der Mutter die Windel geben, ein Handtuch zurechtlegen oder dem Baby den Po eincremen (keine Sorge, wenn dabei etwas dick aufgetragen wird!). Dabei sollten Sie immer erklären, warum etwas getan wird und daß es bei dem größeren Kind auch so war. Größeren Kindern kann man altersentsprechend mehr Verantwortung geben – vorausgesetzt sie möchten dies auch!

Bieten größere Kinder Hilfe an, sollte man sie mit Lob und Freude annehmen, dabei aber bereit sein, den Säugling weiterzuversorgen, wenn das Kind plötzlich keine Lust mehr zeigt. Geschwisterliebe kann schnell strapaziert werden. Die Mutter eines Stillkindes hat es in vieler Hinsicht leichter: Sie braucht keine zusätzliche Zeit zum Flaschenzubereiten, zum Reinigen der Flaschen, zum Erwärmen oder Abkühlen der Nahrung. Sie kann den Säugling ganz natürlich nebenbei stillen und die größeren Kinder miteinbeziehen. Wenn das Baby nicht mehr ganz so „neu" ist, schwindet bei vielen Kindern auch das ständige Interesse daran, sie spielen dann lieber. Solange die Kinder aber dabei sein möchten, sollte Stillzeit auch Familienzeit sein!

Es kann natürlich kleine Eifersüchteleien gegenüber dem Säugling geben, der immer an der Brust der Mutter trinken kann, die ihn hält und das größere Kind dabei zu vergessen scheint. Gerade beim Stillen aber hat die Mutter einen Arm frei, mit dem sie das größere Kind halten kann. Dabei kann sie Geschichten erzählen oder vorlesen. Beide Kinder profitieren davon: Der Säugling wird gestillt, ist nahe bei der Mutter, hört ihre Stimme, und das größere Kind spürt, daß die Mutter sich mit ihm beschäftigt.

Irgendwann kommt das Kind dann vielleicht auf die Idee, es möchte auch „mal trinken". Es sieht ja immer, wie gut es dem Säugling schmeckt, also möchte es auch probieren. Hier wäre es wohl falsch, mit Entsetzen zu reagieren und dem Kind zu sagen, es sei dafür viel zu groß: „Das Baby darf – mich aber läßt die Mutter nicht einmal probieren. Sicher hat sie mich weniger lieb." Das größere Kind sollte probieren dürfen! In den meisten Fällen wird es kaum einen Schluck bekommen, weil es nicht weiß, wie es ansaugen soll. Es wird ein bißchen nukkeln und sich abwenden. Für viele Kinder kommt es nicht darauf an, aus der Brust Milch herauszubekommen, sondern sie möchten

den Beweis, daß sie ja „könnten, wenn sie nur wollten"! Selten werden größere Kinder wieder danach fragen.

Hierzu gibt es sicher auch andere Ansichten. Sie sollten herausfinden, welche Reaktion Ihnen entspricht. Es ist kaum denkbar, daß ein Kleinkind bei einem geschickten beiläufigen Ablenkungsmanöver irgendeinen Schaden für die Nichterfüllung seines Stillwunsches nehmen könnte. Und Sie sollten nicht glauben, etwas tun zu müssen, was Sie in Verlegenheit bringt.

Stillen unterwegs

Beim Ausgehen mit dem Säugling stellt sich die Frage, was tun, wenn das Kind unterwegs gestillt werden möchte? Mütter von Flaschenkindern nehmen entweder die Flasche mit oder müssen zu einer bestimmten Zeit wieder zu Hause sein. Aber gerade das ist für die stillende Frau nicht notwendig. Weder muß sie vorher daran denken, die Nahrung mitzunehmen, noch muß sie nach Hause hetzen, um dem Kind die Flasche zuzubereiten. Stillen macht so auch unabhängig! Man braucht in unseren Breiten nur manchmal etwas Mut dazu!

Beim Spazierengehen in Wald und Feld ist es keine Schwierigkeit, während einer kleinen Verschnaufpause das Kind zu stillen. Was aber tun beim Einkaufsbummel in der Stadt?

Theoretisch können Sie auch hier überall Ihr Kind stillen, nur leider sieht es in der Praxis noch nicht so aus. Stillen in der Öffentlichkeit ist ungewohnt für junge Mütter, so daß sie es sich nicht getrauen. Daß einem Säugling in einem Restaurant die Flasche gegeben wird, betrachten viele als völlig normal. Daß aber eine Mutter aus der natürlichen Ernährung des Säuglings kein Geheimnis macht, stößt oft noch auf Ablehnung.

Während es in angelsächsischen oder skandinavischen Ländern überall besondere Babypflegeräume gibt, sind diese bei uns selten. Mütter sind darauf angewiesen, sich für eine Still- oder auch Ruhepause ein öffentliches Café, ein Restaurant oder eine Parkbank auszusuchen. Niemand hat das Recht, sich deshalb zu beschweren oder es ihnen gar zu verbieten, und nur indem Frauen ihre Kinder auch in der Öffentlichkeit stillen, kann es wieder zu einem nichtaufsehenerregenden, natürlichen Vorgang werden.

Diskretes Stillen

Stillen muß nicht mit der völligen Entblößung der Brust einhergehen. Es kann sehr diskret sein, so

daß niemand etwas merkt. Je lässiger und sicherer Mütter dabei sind, um so weniger wird überhaupt auffallen, daß sie ihr Kind stillen.

Für das Stillen unterwegs sollte sich die Frau vorbereiten. Sie sollte komfortable Kleidung tragen, die das Stillen des Kindes ohne Aufwand ermöglicht. Ein Büstenhalter, an dem es viele Häkchen gibt, die geöffnet werden müssen, um die Brust frei zu machen, kommt also nicht in Frage. Es gibt inzwischen sogenannte „Unterwegs-BHs", die mit einem Häkchen in der Mitte geschlossen werden und somit einfach auf- und zuzumachen sind. Auch gibt es Büstenhalter, bei denen man von oben, gerade unterhalb des Trägeransatzes, durch einen Druckknopf eine Klappe öffnen kann, die dann etwas mehr als die Brustwarze freigibt. Das reicht völlig aus. Auf den Hautkontakt kann hier ruhig einmal verzichtet werden.

Eine weitere Notwendigkeit ist bequeme Oberbekleidung. Es müssen nicht immer Blusen sein, die vorn zu öffnen sind, denn Sie wollen beim diskreten Stillen ja gerade diese halbseitige Entblößung vermeiden. Weite Blusen, Pullover oder T-Shirts, die man von unten hochheben kann, sind vorzuziehen. Dann kann man das Kind zum Stillen im Arm halten, den BH öffnen, die Bluse oder den

Auch gestillte Zwillinge können prächtig gedeihen

Pulli etwas anheben und das Kind, halb von der Kleidung der Mutter verdeckt, an die Brust legen. Ihr Kind wird genug Luft bekommen, und kein Mensch wird merken, ob Sie nun stillen oder das Kind „nur" halten. Üben Sie am besten zu Hause vor dem Spiegel, setzen Sie sich bequem dabei hin, und wenn Sie das erstemal Ihren Mann oder die beste Freundin mit Ihrer diskreten Art des Stillens getäuscht haben, dann können Sie sicher sein, daß Sie sich beim Stillen Ihres Kindes auch in der Öffentlichkeit wohl fühlen werden.

Das Tragetuch des Kindes oder ein Schal können übrigens immer als Sichtschutz herhalten.

Gestillte Kinder auf Reisen

Auf einen Urlaub brauchen die Eltern eines Stillkindes nicht zu verzichten. Nehmen Sie Ihr Kind einfach mit. Sie ersparen sich dadurch die möglichen Konflikte um das Abstillen, außerdem kann man einen gestillten Säugling praktisch überallhin mitnehmen. Während einer längeren Autotour sollten Sie mit dem Säugling hinten sitzen.

Auch längere Bahnfahrten sind kein Problem mit einem Stillkind, seine Nahrung ist immer dabei und hat immer die richtige Temperatur.

Im Flugzeug hat es sich als praktisch erwiesen, möglichst in der ersten Reihe zu sitzen. Sie sind dort ungestört und finden Vorrichtungen zum Anbringen eines Babybettchens. Weisen Sie gleich bei der Buchung darauf hin, damit Ihnen ein solcher Platz reserviert wird. Auch das Flugpersonal wird Ihnen während der gesamten Reise behilflich sein.

Schwierigkeiten beim Stillen

Milchstau und seine Verhinderung

Ist die Brust sehr voll, so daß die Brustwarze flach ist, sollten Sie die Milch entweder mit der Hand ausstreichen oder mit der Milchpumpe abpumpen, bis die Brustwarze hervortritt. Ihr Kind kann sie dann besser fassen – eine wichtige Voraussetzung beim Trinken. Zu einem Milchstau kommt es, wenn ein oder mehrere Milchgänge nicht richtig geleert werden und die Milch nicht abfließen kann. Besser als die Behandlung eines Milchstaus ist seine Verhinderung. Achten Sie von Anfang an darauf, daß Sie Ihr Kind häufig genug stillen und lange genug an einer Seite trinken lassen, um immer erst eine Brust zu leeren, bevor das Kind an die andere genommen wird. Dadurch wird ein Milchstau verhindert. Auch ein zu enger BH kann Ursache für einen Milchstau sein! Achten Sie auf gute Entspannung, damit der Milchausscheidungsreflex nicht verzögert oder verhindert wird. Ein warmes Bad, eine Dusche können hier manchmal sehr hilfreich sein. Bei heftigen Beschwerden sollten Sie Ihren Frauenarzt konsultieren, um den Übergang in eine mögliche Brustentzündung nicht zu übersehen.

Wunde und rissige Brustwarzen

Das Wundsein der Brustwarzen kann im allgemeinen durch richtiges Anlegen des Kindes an die Brust vermieden werden (siehe Seite 56). Sollten Sie wider Erwarten wunde Brustwarzen bekommen, ist es das beste, wenn Sie für einige Tage das Saugen Ihres Kindes an der Brust etwas einschränken, indem Sie kürzer, dafür häufiger stillen. Ihr Kind erhält seine Hauptnahrungsmenge in den ersten sieben bis zehn Minuten. Lassen Sie es gerade so lange an einer Brust trinken, und bieten Sie dann die andere Seite an. Bei wunden Brustwarzen ist speziell das Ansaugen des Kindes, bis die Milch richtig läuft, etwas schmerzhaft. Deshalb streichen Sie die Brust aus, bis Sie einen Milchausscheidungsreflex verspüren und die Milch von allein läuft.

Nehmen Sie dann sofort Ihr Kind an die Brust. Stillen Sie häufig, etwa alle zwei Stunden, damit das Kind nicht zu hungrig ist, zu kräftig saugt und Ihnen weh tut. Lassen Sie nach dem Stillen die Warze an der Luft trocknen, ohne sie abzuwaschen. Die auf der Brustwarze verbleibende Milch wirkt als ausreichender Schutz! Das billigste und wirksamste Mittel, um wunden Brustwarzen vorzubeugen und sie zu behandeln, sind frische Luft und kurze Sonnenbestrahlung! Nehmen Sie Luft- und Sonnenbäder mit freiem Oberkörper, sooft Sie Gelegenheit dazu haben. Im Winter kann eine leichte Höhensonnenbestrahlung die natürliche Sonneneinwirkung ersetzen. Bereitet Ihnen das Stillen Schmerzen, lassen Sie von Ihrer Hebamme oder Stillberaterin prüfen, ob Ihr Kind korrekt angelegt ist (siehe auch Seite 56). Vorübergehend können Sie zur Schonung der Brustwarzen während des Stillens sogenannte Brusthütchen aus Naturgummi benutzen. Eine Brustsalbe, die Sie sich verordnen lassen können, kann zur Heilung kleiner Risse beitragen, sollte aber immer dünn aufgetragen werden. Sind die Brustwarzen einmal abgehärtet, so wird auch sehr häufiges Stillen sie nicht aufweichen oder wund machen.

Sind Sie überaus empfindlich, achten Sie darauf, daß Ihr Kind nach beendeter Stillzeit nicht auf den Brustwarzen herumkaut oder daran nuckelt. Einem Kind mit großem Saugbedürfnis kann man

in solch einem Fall ruhigen Gewissens einen Beruhigungssauger anbieten.

Kleine Brustwarzen

Haben Sie sehr kleine Brustwarzen, dann hilft es oft, wenn vor dem Stillen für einige Sekunden ein kalter Waschlappen daraufgelegt wird. Dadurch zieht sich der Warzenhof zusammen, und die Brustwarze wird „erektil", sie tritt hervor, so daß Ihr Kind sie fassen kann.

Flach- und Hohlwarzen

Flach- und Hohlwarzen werden leider viel zu häufig noch als echtes Stillhindernis angesehen mit der Begründung, das Kind könne die Warzen gar nicht zu fassen bekommen. Das ist zwar nicht falsch, schließt aber nicht aus, daß eine Frau mit Flach- oder Hohlwarzen in vielen Fällen trotzdem stillen kann. Man muß nur rechtzeitig darauf hinarbeiten.

Kann die Brustwarze, auch wenn sie noch so flach erscheint, mit zwei Fingern gefaßt und – anfangs vielleicht nur sehr wenig – hervorgezogen werden, dann sind die Aussichten gut, durch eine tägliche Brustwarzenpflege auch

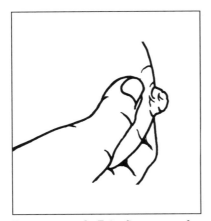 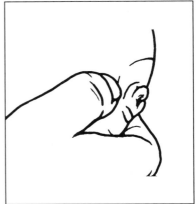

Daumen und Zeigefinger werden dicht an die Brustwarze auf den Warzenhof gelegt. Dieser wird dann kräftig zusammengedrückt. Wenn die Brustwarze beim Drücken auch nur ein wenig hervorkommt, liegt keine Hohlwarze vor

Zieht sich die Brustwarze bei diesem Test weiter nach innen, dann spricht man von Hohlwarzen. Es besteht aber kein Grund zur Sorge, denn durch frühzeitiges Erkennen und Behandeln können Hohlwarzen bis zur Geburt des Kindes korrigiert werden

die Flachwarzen bis zur Geburt des Kindes so weit herausziehen zu können, daß das Kind sie mit den Lippen fassen kann. Ist das Kind erst einmal in der Lage, die Brustwarzen zu fassen und daran zu saugen, wird es alles Weitere von selbst tun.

Durch einen einfachen Test kann festgestellt werden, ob echte Hohlwarzen vorliegen. (Wie Sie verfahren sollen, wird in den Abbildungen auf dieser Seite plastisch dargestellt.)

Behandlung von Hohlwarzen

Bei ausgeprägten Hohlwarzen (die Brustwarzen sind nur als Vertiefung im Warzenhof angelegt) ist erfolgreiches Stillen meist nur nach rechtzeitiger operativer Korrektur möglich.

Nach innen eingestülpte oder flache Brustwarzen sollten schon während der Schwangerschaft auf das Stillen vorbereitet werden. Durch regelmäßiges Herausziehen mit Hilfe einer Milchpumpe kann man das Aufrichten der Brustwarze trainieren. Ab der 30. Schwangerschaftswoche können sogenannte Brustschilde getragen werden. Das sind doppelwandige Plastikschalen mit einem Loch in der Mitte, die in den BH eingelegt werden. Sie sind unauffällig und so konstruiert, daß durch Druck auf den Vorhof die Brustwarze in den Hohlraum gezogen wird. Brustschilde sind in Apotheken und bei Stillgruppen erhältlich.

Das Stillen des Kindes kann durch das Anlegen von Brusthütchen erleichtert werden. Der Säugling muß jedoch sehr kräftig saugen, um genug Milch zu bekommen und die Milchbildung trotz des Fremdkörpers auf der Brust ausreichend anzuregen.

Wenn die Milch ständig tropft

Tropft zwischen den Stillzeiten Milch aus der Brust, so sollten sterile Einlagen im BH getragen werden, die es für diesen Zweck zu kaufen gibt. Zellstoff oder auch Papiertaschentücher sind nicht geeignet, da sie, sobald sie feucht geworden sind, an der Brustwarze kleben und mühsam zu entfernen sind. Ihren Zweck erfüllen Einlagen jeglicher Art nur, wenn sie häufig gewechselt werden, wenn möglich zu jeder Stillzeit. Sie können versuchen, sich zu helfen, indem Sie mit beiden Handballen kräftig auf beide Brustdrüsen drücken, sobald Sie merken, daß die Milch unerwünscht fließt.

Stillhindernisse

Sowohl Erkrankungen der Mutter als auch Krankheiten des Kindes können Stillhindernisse darstellen.

absichtigt verletzen könnte. Eine Zuckerkrankheit (Diabetes) der Mutter ist grundsätzlich kein Stillhindernis.

Stillhindernisse bei der Mutter

Absolute Stillhindernisse sind selten und betreffen nur schwere, auszehrende Krankheiten, wie bösartige Erkrankungen sowie Infektionskrankheiten, die auch das Kind befallen können. Zu diesen Infektionskrankheiten gehört unter anderem auch die Tuberkulose.

Grenzsituationen

Auch bei einer psychischen Erkrankung der Mutter sollte die Frage nach dem Stillen sehr sorgfältig geprüft werden. Bei mütterlicher Epilepsie muß man daran denken, daß die krampfverhindernden Medikamente durch die Muttermilch auf das Kind übergehen. Andererseits muß auch bedacht werden, ob beim Fortbestehen von Anfällen, auch wenn sie selten sind, nicht vom Stillen abgeraten werden sollte, da die Mutter in einem Anfall ihr Kind unbe-

Stillhindernisse beim Kind

Beim Kind ist zu unterscheiden, ob es Muttermilch nicht verträgt oder ob es nicht in der Lage ist, an der Brust zu saugen, wohl aber Muttermilch haben darf, ja soll.

Kinder, die Muttermilch nicht vertragen, sind außerordentlich selten. Sie leiden an familienspezifischen Störungen der Milchzucker- oder Fettverdauung. Diese Krankheiten sind so selten, daß manch erfahrener Geburtshelfer oder Kinderarzt sie nie zu sehen bekommt.

Trinken an der Brust ist nicht möglich

Kinder, die nicht an der Brust trinken können, haben Fehlbildungen in Nase oder Mund und Rachen. Hier sind vor allem Säuglinge mit Lippen-, Kiefer- und/oder Gaumenspalte zu nennen.

Abhängig von der Schwere der Behinderung kann Stillen in vielen Fällen nicht möglich sein. Lassen Sie sich gut beraten und pumpen Sie in jedem Fall Ihre Milch ab, damit sie Ihrem Baby zugute kommt.

Frühgeborene und untergewichtige Kinder sind beim Trinken an der Brust durch Verschlucken gefährdet oder zu schwach, um überhaupt an der Warze zu saugen. Das gleiche gilt häufig auch für Säuglinge mit Geburtskomplikationen. Beide werden im allgemeinen in eine Kinderklinik verlegt. Vor allem Frühgeborene sollen aber Muttermilch erhalten (siehe auch Seite 29 f.).

Lassen Sie sich bitte nicht abstillen! Besprechen Sie mit Ihrem Frauenarzt und dem Kinderarzt alle organisatorischen Fragen, lassen Sie sich zeigen, wie man Milch abpumpt, und holen Sie sich Unterstützung bei der Stillberatung, falls Sie in ein seelisches Tief geraten. Gerade für frühgeborene Kinder ist Muttermilch wichtig (siehe auch Seite 102 ff.).

Aids und Stillen

Die Kenntnisse über Aids sind noch begrenzt. Man kann zunächst davon ausgehen, daß nicht jedes Neugeborene einer an Aids erkrankten Mutter selbst von der Krankheit befallen ist. Es scheint aber gesichert zu sein, daß das Aids-Virus über die Muttermilch auf das Kind übertragen wird, welches auf diese Weise die Krankheit erwerben kann. Aidskranke Mütter sollen deshalb nicht stillen.

Nach Empfehlungen der Weltgesundheitsorganisation besteht jedoch die Möglichkeit, das Aids-Virus in der Muttermilch durch Pasteurisieren der abgepumpten Milch abzutöten. Es sei daran erinnert, daß dadurch einige der biologischen Vorteile der frischen Muttermilch zerstört werden.

Ist nachgewiesen, daß auch das Kind erkrankt ist, sollte die Mutter das Kind stillen, damit es die Abwehrstoffe der Muttermilch gegen Infektionskrankheiten erhält (siehe Seite 22 f.).

Besondere Situationen beim Stillen

Es gibt eine Reihe von Sondersituationen, bei denen auch heute noch Frauenärzte, Hebammen und Säuglingsschwestern vielleicht etwas voreilig das Abstillen empfehlen. Auch halten sich noch einige Lehrmeinungen, die inzwischen überholt sind. In der Folge werden – ohne Anspruch auf Vollständigkeit – einige solcher Situationen dargestellt.

Besondere Situationen bei der Mutter

Kaiserschnitt

Eine Entbindung durch Kaiserschnitt bedeutet nicht, daß Sie nicht stillen können, wenn Sie es wünschen. Sie haben lediglich einen etwas schlechteren Start als Mütter mit normalem Geburtsverlauf. Es beginnt damit, daß Sie nur unter besonderen Ausnahmen Ihr Kind schon im Kreißsaal anlegen können. Auch sind die meisten Mütter in den ersten Tagen so erschöpft, daß sie Mühe haben, ihr Kind zu halten, oder sie werden durch eine Dauerinfusion, die nach dem operativen Eingriff unbedingt notwendig ist, daran gehindert.

Mit Geduld werden auch Sie etwas verspätet das erreichen, was Sie wollen. Sie werden voll stillen können. Halten Sie sich daran, daß der Saugreiz des Kindes den Milchfluß in Gang bringen wird. Natürlich können Sie nicht damit rechnen, daß Ihr Kind nicht schon mit künstlicher Säuglingsmilchnahrung ernährt worden ist. Ist es kräftig und weiß es, sich zu melden, so können Sie es, kurz nachdem Ihr Milchfluß in Gang gekommen ist, im Hinblick auf die Flasche ein wenig hungern lassen, damit es die Warze besser nimmt. Lassen Sie sich vor allem durch zweifelnde Äußerungen anderer Personen, auch sogenannter „Fachleute", nicht von Ihrem Plan abbringen! „Rooming-in" kann nach Kaiserschnittentbindungen erst verspätet beginnen, aber mit Unterstützung und gutem Willen des Pflegepersonals werden Sie Ihr Kind schon bald ganztägig bei sich haben können.

Zwillinge

Da Zwillinge oft frühgeboren und untergewichtig sind, haben sie einen ungünstigen Start im Hinblick auf das Stillen. Unter der

Voraussetzung, daß der Saugreiz die Milchmenge steigert, ist es jedoch durchaus möglich, auch Zwillinge voll zu stillen. Wenn Sie das Glück haben sollten, bei Geburt bereits große und kräftige Zwillinge zu haben, dann versuchen Sie es!

In den ersten Wochen wird das Stillen von Zwillingen eine große Anstrengung für Sie bedeuten! Achten Sie darum in noch größerem Maße als die Mutter eines Einzelkindes auf eine ausreichende Ernährung und genügend Schlaf.

Aus zeitlichen und organisatorischen Gründen empfehlen Mütter von Zwillingen, die diese erfolgreich gestillt haben, beide Kinder gleichzeitig zu stillen. Achten Sie darauf, daß Sie den Kindern zu jeder Mahlzeit die jeweils andere Brust geben. Sollte eins der Kinder weniger saugen als das andere, so wird die Saugkraft gleichmäßig, wenn auch im Wechsel, auf beide Seiten verteilt.

Setzen Sie sich zum Stillen der Zwillinge bequem in einen Sessel oder auf ein Sofa. Sie können die Kinder auf den Schoß nehmen und mit jedem Arm ein Kind halten. Stützen Sie Ihre Arme dabei mit Kissen.

Eine weitere, sehr bequeme Position: Schieben Sie sich ein Kind unter jeden Arm hindurch, mit den Füßen nach hinten, so daß die Köpfchen der Kinder vor Ihnen sind und Sie sie mit den Händen stützen. Legen Sie sich ein Kissen auf den Schoß. Sie werden sehen, wie einfach das Stillen in dieser Position ist. Beugen Sie den Oberkörper etwas nach vorn, so daß die Kinder die Brustwarzen leicht mit dem Mund erreichen können. Lassen Sie sich in der ersten Zeit etwas helfen, die Kinder in die richtige Lage zu bekommen. Sie werden es in Kürze gelernt haben!

Wenn schon zum Stillen eines einzelnen Kindes Selbstvertrauen gehört, wieviel mehr brauchen Sie, um es bei Zwillingen zu erreichen. Wenn es Ihnen gelingt, sparen Sie viel Zeit, die sonst für Aufwendung und Zubereitung von Flaschennahrung notwendig ist, ganz abgesehen von den gesundheitlichen Vorteilen, die das Stillen bietet.

Infekt

Infekte der oberen Luftwege bei der Mutter sind durchaus kein Stillhindernis. Bei sorgfältiger Händedesinfektion und Tragen eines Mund- und Nasen-Schutzes können Sie weiter stillen. Es wäre sogar falsch, dem Kind während eines Infektes die verbesserten Schutzmöglichkeiten gegen Infektionen durch Muttermilchernährung zu entziehen.

Brustentzündung (Mastitis)

Die beste Vorbeugung gegen eine Brustentzündung ist regelmäßiges Stillen, richtiges Anlegen des Kindes (siehe Seite 56), Hygiene und ein guter gesundheitlicher Allgemeinzustand der Mutter. Erfahrungsgemäß stellen sich Milchstau und Brustentzündung als unangenehme Begleiterscheinungen bei Streßzuständen ein (zuviel Besuch, Unsicherheit beim Stillen, Überlastung etc.).

Brustentzündungen können unter anderem durch Schmutzbakterien hervorgerufen werden, die durch kleine Risse in der Brustwarze eindringen und bei Milchstau, also ungenügend entleerter Brust, einen guten Nährboden finden. Aber auch auf anderen Wegen kann es zu einer Infektion der Brustdrüse kommen.

Schmerzen, Schwellung oder Knoten in der Brust, Rötung der betroffenen Stellen, Fieber, Müdigkeit und Gliederschmerzen gehören zu den Anzeichen einer Brustentzündung. Stellen Sie eines dieser Zeichen fest, sollten Sie Ihre Hebamme, Ihre Stillberaterin oder Ihren Frauenarzt um Rat fragen. Dort werden Sie individuell beraten. Abstillen gehört nicht zur Therapie!

Das Wichtigste ist, die Brust leerzuhalten. Am einfachsten und effektivsten geschieht dies durch das Kind. Häufiges Anlegen und Abpumpen, etwa alle zwei Stunden, entzieht den Keimen den Nährboden. Feuchtwarme Umschläge oder eine heiße Dusche vor dem Stillen fördern die Entspannung und tragen zur Öffnung der Milchgänge bei. Zwischen den Stillzeiten wirken kühlende Umschläge, zum Beispiel mit Quark, entzündungshemmend. Halten Sie bei Milchstau und bei beginnender Brustentzündung strikte Bettruhe ein! Beachten Sie diese Ratschläge, dürfte sich Ihr Zustand innerhalb von 24 Stunden deutlich gebessert haben. Gönnen Sie sich dann noch mindestens einen Tag Ruhe, und führen Sie die begonnene Behandlung fort.

Tritt innerhalb dieser Zeit keine Besserung ein, bleibt zum Beispiel das Fieber bestehen, sollten Sie Ihren Arzt aufsuchen. Er wird Ihnen notfalls Antibiotika verordnen, die ein Weiterstillen möglich machen (siehe auch Seite 35 f.).

Besondere Situationen beim Kind

Neugeborenengelbsucht

Nur in seltenen Fällen muß beim Auftreten einer Neugeborenengelbsucht vorübergehend auf das Stillen verzichtet werden, weil bestimmte Inhaltsstoffe der Muttermilch die Gelbsucht verstärken könnten. Allerdings werden Kinder auf dem Höhepunkt der Neugeborenengelbsucht meist etwas schläfrig und trinkfaul. Müssen sie wegen eines hohen Gallenfarbstoffwertes (Bilirubinwert) im Blut einer Fototherapie unterzogen werden, kann diese für das Stillen unterbrochen werden. Wichtig ist, dem Säugling vermehrt Flüssigkeit zuzuführen. Zusätzlich zu häufigem Stillen kann Tee oder Glukoselösung verabreicht werden, um die Stuhlausscheidung und damit die Bilirubinausscheidung des Säuglings weiter zu beschleunigen.

Rhesusunverträglichkeit

Früher war man der Meinung, daß die Rhesusunverträglichkeit zwischen Mutter und Kind ein Grund zum Abstillen sei. Diese Ansicht ist überholt. Die Antikörper, die in der Muttermilch vorkommen können, werden vom Kind nicht aufgenommen, so daß Kinder mit Rhesusunverträglichkeit gestillt werden dürfen.

Durchfall in der Säuglingszeit

Über die Stuhlbeschaffenheit unter Muttermilchernährung ist auf Seite 51 berichtet worden. Ein künstlich ernährter Säugling wird bei einer beginnenden Durchfallerkrankung mit einer „Nahrungspause" behandelt. Ein gestilltes Kind darf weiter gestillt werden, denn Muttermilch enthält Abwehrstoffe, die dazu beitragen, einen Durchfall, der meist durch Keime entstanden ist, auch rasch zu beenden. Nur wenn Ihr Kind gleichzeitig keinen Appetit mehr hat – eine ganz natürliche Reaktion –, sollten Sie entweder ein bis zwei Mahlzeiten nur mit Tee einschalten oder je eine halbe Brustmilchmahlzeit geben und die andere Hälfte der Mahlzeit durch Tee ersetzen.

Verständigen Sie auf alle Fälle Ihren Kinderarzt, damit er sich ein Bild machen kann und die Entscheidung darüber fällt, ob andere Ursachen der Durchfallerkrankung, die anders behandelt werden müßten, ausgeschlossen sind.

Berufstätigkeit und Stillen

Durch die Verlängerung des Erziehungsurlaubs – seit 1992 sind es drei Jahre – haben heutzutage fast alle berufstätigen Mütter in Deutschland die Möglichkeit, ihr Kind so lange zu stillen wie sie möchten.

Nur diejenigen Mütter, die aus finanziellen Gründen oder um ihrer Karriere nicht zu schaden gezwungen sind, gleich nach der Mutterschutzfrist von acht Wochen (bei Früh- und Mehrlingsgeburten nach zwölf Wochen) ihre Berufstätigkeit wieder aufzunehmen, werden sich überlegen, ob Stillen für sie überhaupt in Frage kommt.

Gesetzliche Stillpausen

Die Frau, die nach acht Wochen wieder arbeitet, hat Anspruch auf Stillpausen. Für die stillende Mutter gelten die meisten der Bestimmungen für werdende Mütter, das heißt auch keine Mehrarbeit, keine Nachtarbeit zwischen 20 Uhr und 6 Uhr, keine Sonn- und Feiertagsarbeit. In einigen wenigen Gewerbebetrieben gibt es Ausnahmen. Genaue Auskunft hierzu erteilen die Gewerbeauf-

sichtsämter, die Krankenkassen und das Arbeitsamt.

Zu den Stillpausen: „Die Einteilung kann die Mutter selbst wählen. Mindestens zweimal eine halbe Stunde oder einmal eine ganze Stunde täglich bei acht Stunden Arbeitszeit stehen ihr zu. Hierdurch darf kein Verdienstausfall entstehen. Auch darf die Stillzeit von der Mutter nicht vor- oder nachgearbeitet und nicht auf die betrieblich festgesetzten Ruhepausen angerechnet werden."

Das ist Gesetz. Diese Stillpausen sind nicht bis zu einem gewissen Alter des Kindes limitiert! Solange Sie stillen, haben Sie Anspruch darauf. Aber wie sieht es in der Praxis aus?

Stillpraxis

Zunächst einmal: Beruflich tätig zu sein, ist kein Grund zum Abstillen.

Sie haben die Möglichkeit, Ihr Kind ausschließlich mit Muttermilch zu ernähren. Dazu müssen Sie aber im Laufe des Tages und oft noch in der Nacht so viel Milch abpumpen, daß die Menge ausreichend ist für die Versorgung des Kindes während Ihrer Abwesenheit. Wer immer das Kind versorgt, wird ihm dann die abgepumpte Muttermilch mit der Flasche geben müssen. Achten Sie bitte darauf, daß ein sogenannter Teesauger verwendet wird. Es ist wichtig, daß das Saugloch so klein ist, daß das Saugen fast so mühsam ist wie das Saugen an der Brust.

Wenn Sie die Stillpausen an der Arbeitsstelle zum Pumpen benutzen müssen, ist die Verwendung einer Handpumpe, die Sie auch in der Handtasche mitnehmen können, der ergiebigeren elektrischen Pumpe, die allerdings sehr unhandlich ist, vorzuziehen. Zusätzlich brauchen Sie ein oder zwei ausgekochte Fläschchen und sonstige Glasbehälter, in denen Sie die abgepumpte Milch aufbewahren können. Die Behälter müssen dicht schließen und sofort nach dem Abpumpen kühl aufbewahrt werden. Stillen Sie Ihr Kind morgens lange und ausgiebig, möglichst im Bett, damit das Kind zur Nahrung auch die nötige Zuwendung erhält. Anschließend können Sie noch einmal Milch abpumpen. Pumpen Sie im Laufe des Vormittags, nutzen Sie dazu eine Stillpause, und gewöhnen Sie sich daran, beide Seiten abzu-

pumpen und auszustreichen. Denken Sie auch hier daran, daß Stimulation Milch macht! Dazu gehört auch das Abpumpen der Milch: Je mehr Sie pumpen, desto mehr Milch werden Sie haben.

Die Milch, die Sie im Verlauf eines Tages abgepumpt haben, sollte im Kühlschrank nicht länger als 24 Stunden aufbewahrt werden. Am darauffolgenden Tag wird dann jeweils die entsprechende Menge entnommen, in der Flasche erwärmt und dem Kind gegeben. Man kann Muttermilch auch einfrieren. Dies empfiehlt sich insbesondere dann, wenn mit längeren Aufbewahrungszeiten gerechnet werden muß.

Solange Sie Ihr Kind häufig stillen, während Sie zu Hause sind, und solange Sie während des Tages regelmäßig mindestens dreimal an beiden Brüsten Milch abpumpen, werden Sie Ihr Kind ausschließlich mit Ihrer Milch ernähren können.

Da das Milchangebot durch die Nachfrage geregelt wird, ergibt sich für die stillende berufstätige Frau auch die Möglichkeit, das Kind nur in den Zeiten zu stillen, in denen sie zu Hause ist, und sonst dem Kind Flaschennahrung geben zu lassen.

Die stillende Mutter und ihre Gesundheit

Die Ernährung der Stillenden

Die Ernährung der stillenden Mutter soll aus einer abwechslungsreichen Mischkost bestehen. Um den zusätzlichen Energiebedarf (600 bis 800 Kilokalorien) für die Milchproduktion zu decken, reicht eine geringfügig erhöhte Nahrungsaufnahme aus. Die in der Schwangerschaft angelegten Fettdepots liefern ebenfalls noch Kalorien. Allerdings sollte in der Stillzeit keine Schlankheitskur durchgeführt werden, denn beim Abbau der körpereigenen Fettreserven gelangen vermehrt Schadstoffe in die Milch.

Wichtig ist eine ausgewogene Kombination der Nähr- und Ergänzungsstoffe, nicht nur für die Qualität der Muttermilch, sondern auch für das Wohlbefinden der Stillenden.

Der erhöhte Eiweiß- und Calciumbedarf wird am besten durch Milch und Milchprodukte ausgeglichen. Mageres Fleisch und Geflügel sowie Fisch und Eier sind weitere hochwertige tierische Eiweißquellen. Außerdem sollte auch pflanzliches Eiweiß aus Getreide, Vollkornprodukten, Hülsenfrüchten und Nüssen zugeführt werden.

In Fleisch und Fleischerzeugnissen ist am meisten leicht verfügbares Eisen enthalten, was die Stillende unbedingt braucht. Der Verzehr von Fleisch- und Wurstwaren ist hierzulande aber im allgemeinen viel zu hoch. Das bringt gesundheitliche Nachteile mit sich, unter anderem eine größere Schadstoffbelastung. Eine kleine Menge Fleisch reicht aus. In Verbindung mit Getreide, Kartoffeln und/oder Gemüse wird die Eisenaufnahme auch aus diesen Nahrungsmitteln verbessert, ebenso durch Vitamin C.

Obst und Gemüse sollten reichlich gegessen werden, einmal wegen ihrer Vitamine und Mineralsalze, zum anderen wegen ihrer Ballaststoffe. Aus dem gleichen Grund sollten bevorzugt Vollkornprodukte auf dem Speiseplan stehen.

Bei Obst und Fruchtsäften ist allerdings zu beachten, daß manche Sorten bei empfindlichen Kindern Wundsein verursachen (zum Beispiel Zitrusfrüchte, Erdbeeren, Weintrauben). Außerdem können blähende Substanzen aus Kohl- und Zwiebelgemüsen, Hülsenfrüchten in die Milch übergehen und beim Kind Darmbeschwerden hervorrufen. Wenn Sie eindeutig einen Zusammenhang zwischen einem verzehrten Nahrungsmittel und dem gestörten Befinden Ihres Babys feststellen, sollten Sie dies künftig meiden. Die abgegebene Milchmenge müssen Sie durch eine höhere Flüssigkeitszufuhr ersetzen, aber nicht durch das Trinken großer Mengen von Kuhmilch. Ein halber Liter am Tag genügt. Ihren Durst stillen Sie besser mit kalorienarmen Getränken wie Mineralwasser, Früchte- und Kräutertees, verdünnten Obst- und Gemüsesäften. Haben Sie nur ein geringes Durstgefühl, was bei manchen Menschen vorkommt, machen Sie es sich zur Gewohnheit, bei jedem Stillen etwas zu trinken. Damit stellen Sie sicher, daß Sie genügend Flüssigkeit aufnehmen.

Für eine gleichmäßige Nährstoffversorgung, auch für die Ihres Kindes, ist es übrigens vorteilhafter, statt drei großer Mahlzeiten fünf bis sechs kleine über den Tag verteilt zu sich zu nehmen.

Körperpflege in der Stillzeit

Für die Brustpflege gilt, was im Vorhergehenden bereits gesagt worden ist: Beziehen Sie die Brustpflege in die tägliche Körperhygiene ein, besondere Maßnahmen sind in der Regel nicht notwendig.

Baden

Hat der Wochenfluß aufgehört, können Sie auch wieder ein Vollbad nehmen. Badezusätze können ein Bad entspannender machen, achten Sie aber auch hier wieder darauf, daß ein Zuviel die Haut leicht austrocknet. Natürlich kann es passieren, daß die Milch anfängt zu laufen, wenn Sie Ihr Bad genießen und sich dabei entspannen! Es schadet nichts, und Sie können, sobald Sie es merken, einen kleinen Trick anwenden und mit den Handballen für kurze Zeit kräftig auf beide Brustwarzen drücken. Wenn Sie Lust haben, Ihr Baby mit in die Wanne zu nehmen, dann tun Sie es! Sie werden sehen, wieviel Spaß es dem Kind und Ihnen macht. Der Vater oder eine andere liebe Person wird Ihnen sicher das Kind abnehmen, es abtrocknen und mit frischen Windeln versehen, während Sie sich selber in Ruhe anziehen können.

Sauna

Wenn Sie vor der Schwangerschaft regelmäßig in die Sauna gegangen sind, möchten Sie diese Gewohnheit sicherlich bald wieder aufnehmen. Tun Sie es! Gehen

Sie in die Sauna, wenn Sie möchten und jemanden haben, der Ihr Kind für etwa zwei Stunden versorgt. Das einzige, was der stillenden Mutter in der Sauna „passieren" kann, ist, daß die Milch austropft. Dieses ist hier auch wieder bedingt durch die Entspannung und Wärme. Aber Sie wissen ja inzwischen, wie Sie den Milchfluß stoppen können.

Schwimmen und Sport

Viele Mütter möchten, sobald der Wochenfluß aufgehört hat, wieder schwimmen gehen. Stillende Mütter müssen darauf nicht verzichten! Sie können Ihre Brustwarzen etwas schützen, indem Sie eine fetthaltige Creme oder eine Brustsalbe vor dem Schwimmen auftragen. Wichtig ist, darauf zu achten, daß die Wassertemperatur nicht zu niedrig ist. Eine zu große Auskühlung der Brust sollte immer vermieden werden! Sie können sich natürlich auch wieder sportlich betätigen, und zwar etwa sechs Wochen nach der Geburt. Mit Gymnastik haben Sie sicher schon im Wochenbett begonnen. Bleiben Sie konsequent dabei! Gymnastik ist mit das Beste, was Sie für Ihre Figur und für Ihr Wohlbefinden tun können. Auch Ihre täglichen Joggingrunden dürfen Sie schon bald wieder aufnehmen. Hierbei werden Sie sich wohler fühlen mit einem

stützenden BH, selbst wenn Sie sonst lieber ohne gehen.

Sportliche Übungen, bei denen die Gefahr von Druck oder Stößen auf die Brüste besteht, wie zum Beispiel beim Barrenturnen oder bei bestimmten Ballspielen, sollten Sie jetzt allerdings vermeiden. Ob Sie während der Stillzeit sportliche Höchstleistungen anstreben, bleibt allein Ihnen überlassen – solange Ihre Milchbildung nicht beeinträchtigt wird und Sie und Ihr Kind zufrieden sind, gilt für jede sportliche Betätigung: Probieren Sie es aus! Allgemeingültige Regeln für alle Frauen gibt es nicht, tun Sie, was Ihnen Spaß macht.

Menstruation

Solange Sie voll stillen, das heißt ohne Zufütterung jeglicher Art, werden Sie höchstwahrscheinlich keine Menstruation haben. Die Zeit bis zur ersten Regel kann von vier bis zu sechzehn Monaten dauern, abhängig von der Dauer der intensiven Stillzeit. Bei nichtstillenden Frauen kehrt die erste Regel durchschnittlich nach etwa zwei Monaten zurück.

Wenn Sie Ihre Periode wieder regelmäßig haben, hat das keinen Einfluß auf das Stillen. Die Milch wird nicht weniger, sie verändert sich auch nicht in der Zusammensetzung. Sollten Sie allerdings vor oder während der Menstruation nervös oder reizbar sein, dann kann sich dieser Gemütszustand auf die Milchbildung auswirken. Die erste Periode, manchmal auch mehrere, können ohne vorausgegangenen Eisprung (Ovulation) eintreten. Trotz des Wiedereinsetzens Ihres Monatszyklus ist eine erneute Schwangerschaft also ausgeschlossen. Andererseits ist es möglich, daß ein Einsprung stattgefunden hat (wovon Sie im allgemeinen nichts merken) und die Periode deswegen ausbleibt, weil Sie wieder schwanger sind.

Empfängnisverhütung in der Stillzeit

Stillen ist – weltweit gesehen – die am weitesten verbreitete Methode zur Empfängnisverhütung. Der durch konsequentes Stillen ständig erhöhte Prolaktinspiegel im mütterlichen Blut (siehe auch Seite 24) verhindert den Eisprung. Im Einzelfall kann man sich aber auf diesen Mechanismus nicht verlassen, und damit stellt sich wenige Wochen nach der Geburt die Frage nach der geeigneten Empfängnisverhütung. Welche Mittel bieten sich für stillende Frauen an? Dieses Problem sollten Sie natürlich mit Ihrem Frauenarzt besprechen.

Bei der sichersten Verhütungsmethode, der „Pille" (Kombinationspräparat von Östrogen und Gestagen), kommt es zu einer Verringerung der Milchmenge und zu Qualitätsverlusten der Milch. Sie ist daher für vollstillende Frauen, vor allem in den ersten Monaten nach der Geburt, nicht geeignet. Die nur Gestagen enthaltende „Minipille" kann jedoch nach sechs oder acht Wochen angewendet werden, wenn ein verläßlicher Empfängnisschutz gewünscht wird. Sie hat keinen negativen Einfluß auf die Milchproduktion. Die auf den Säugling übergehenden geringen Hormonmengen bedeuten – soweit man bis heute weiß – keine Gefährdung für seine Gesundheit. Ein Intrauterinpessar (Spirale) sollte erst nach sechs Wochen (wieder) eingesetzt werden.

Das Scheidendiaphragma muß in Größe und Form neu angepaßt werden (Frauenarzt oder Beratungsstelle). Es empfiehlt sich, dieses immer zusammen mit einem samenabtötenden Gel oder einer entsprechenden Creme zu benutzen. Die natürliche Familienplanung empfiehlt sich nur für Frauen, die damit Erfahrung haben, also schon vor der Schwangerschaft diese Methode als Empfängnisverhütung angewendet haben.

Am unkompliziertesten ist die Anwendung des Kondoms.

Erneute Schwangerschaft und Stillen

Sollten Sie trotz aller Vorsichtsmaßnahmen wieder schwanger werden, bevor Ihr Kind abgestillt ist, dann brauchen Sie nicht von heute auf morgen abzustillen.

Bei vielen Müttern geht während der Schwangerschaft die Milchbildung sowieso langsam zurück, das Kind wird also ebenso langsam abgestillt. Sie können das Abstillen ohne Gefahr für Ihre Gesundheit und das heranwachsende neue Kind über mehrere Wochen hinziehen.

Folgeschwangerschaften machen das Abstillen unproblematisch

Das Abstillen

Abstillen allgemein

Der Prozeß des Abstillens beginnt mit dem ersten zusätzlichen Saft oder der gelegentlichen Flasche künstlicher Nahrung und ist beendet, wenn das Kind keine Muttermilch mehr erhält. Das Abstillen kann sich als natürliches, kindgerechtes Abstillen über mehrere Monate hinziehen. Es kann aber auch, wenn die Mutter es wünscht oder eine spezielle Situation es erforderlich machen sollte, innerhalb weniger Wochen geschehen. Wenn möglich, sollte nicht abrupt abgestillt werden; es läßt sich aber manchmal nicht umgehen.

Bei jeder Art des Abstillens ist es notwendig, darauf zu achten, daß der Säugling in dieser Zeit viel Zuwendung erhält.

Abruptes Abstillen

Sollte es tatsächlich notwendig sein, daß Sie aus irgendeinem Grund von einem Tag auf den anderen abstillen müssen, dann beachten Sie folgendes: Schränken Sie Ihren Flüssigkeitsverbrauch stark ein, trinken Sie so wenig wie nur möglich. Ihr Arzt kann Ihnen zusätzlich Abstillmedikamente geben, deren Wirkung – wie Sie wissen müssen – allerdings hinfällig ist, wenn sie das Kind trotzdem weiterhin an der Brust saugen lassen. Wird die Brust zu voll und hart und beginnt zu schmerzen, dann sollten Sie etwas Milch mit der Hand ausstreichen, gerade so viel, daß es Ihnen Erleichterung bringt, aber nicht so viel, daß die Milchbildung weiterhin angeregt wird. Zusätzlich kann Ihnen Ihr Arzt ein Medikament verordnen, das die Milchproduktion unterdrückt.

Natürliches, langsames Abstillen

Wenn Sie innerhalb weniger Wochen abstillen wollen, dann gehen Sie immer nach dem gleichen Schema vor: Pro Woche ersetzen Sie eine Brustmahlzeit durch andere Nahrung. Vorzugsweise ersetzen Sie die Stillmahlzeit, bei der Sie erfahrungsgemäß die wenigste Milch haben, zuerst. Das kann die Mittags- oder Abendmahlzeit sein. Bei dem jungen Säugling unter vier Monaten geben Sie als Ersatz für die Brustmahlzeit eine Flasche mit Säuglingsflaschennahrung, beim älteren Säugling können Sie zur gegebenen Zeit eine Gemüse- oder Breimahlzeit einfügen. Zusätzliche Flüssigkeit (Saft, Tee oder Milch) kann der ältere Säugling, wenn er mag, in einer Tasse bekommen. Sie brauchen ihn gar nicht mehr von der Brust auf die Flasche umzugewöhnen. Dieses langsame Abstillen garantiert, daß Ihre Milchmenge ohne eine schmerzhafte, gespannte, übervolle Brust langsam zurückgeht.

Beraten Sie sich bei Übergang auf Flaschennahrung und Beikost mit Ihrem Kinderarzt über einen geeigneten Ernährungsfahrplan.

Spätes Abstillen

Die meisten Kinder stillen sich mit etwa einem Jahr von selber ab, manche früher, manche später. Irgendwann wird die Umwelt soviel interessanter als das Trinken an der Brust der Mutter, und dann kommt auch der Zeitpunkt, wo das Kind nur noch seinen abendlichen Schlummertrunk will, bis es schließlich auch diesen aufgibt.

Jetzt sind es jedoch häufig die Mütter, die nicht wahrhaben wollen, daß ihr Baby nichts mehr von der Brust wissen möchte. Die Mutter fühlt sich zurückgewiesen, sie möchte das gar nicht glauben und versucht wieder und wieder, dem Kind die Brust anzubieten. Dabei zeigt das Kind nur, daß es von nun an auf die Muttermilch und das Stillen verzichten kann, nicht aber auf die Mutter und ihre Fürsorge!

Jetzt braucht Ihr Kind Sie in erster Linie, damit Sie seine Bestrebungen nach Selbständigkeit und Lösung unterstützen.

Ihre Aufgaben haben sich lediglich gewandelt!

Einlieferung des Kindes in die Kinderklinik

Die Erfolge der modernen Medizin haben auch die Chancen der krankheitsgefährdeten Neugeborenen erheblich verbessert. Die immer enger werdende Zusammenarbeit von Geburtskliniken und Kinderkliniken hat dazu beigetragen.

Die Verlegung

Die Verlegung eines Neugeborenen oder eines jungen Säuglings in eine Kinderklinik ist ein Schock für die Eltern! Dabei muß es nicht gleich etwas wirklich Bedrohliches sein, was den Geburtshelfer zur Verlegung veranlaßt hat. Ein großer Teil der Verlegungen geschieht zur Überwachung mit Spezialgeräten, mit denen das Säuglingszimmer einer Geburtsklinik nicht ausgerüstet ist. Ihr Frauenarzt oder der zugezogene Kinderarzt werden Sie informieren und Ihnen sagen, warum Ihr Kind verlegt werden muß, wo es versorgt wird und wo Sie oder zunächst der Vater es besuchen können. Wenn es um Störungen des Neugeborenen geht, ist die Mitaufnahme der Mutter in die Kinderklinik im allgemeinen aus organisatorischen Gründen etwas schwierig.

Es gibt verschiedene Arten von Stationen, auf denen Neugeborene betreut werden.

Die Intensivpflegestation

Hier werden alle Neugeborenen und jungen Säuglinge versorgt, die von akuten Gefahren für die Aufrechterhaltung normaler Lebensfunktionen (zum Beispiel Atmung und Sauerstoffaufnahme, Herz-Kreislauf-Funktionen, Gehirnfunktion) bedroht sind. Sie werden dort in speziellen Brutkästen (Inkubatoren) versorgt und rund um die Uhr von Ärzten und Schwestern betreut. Fast alle Intensivpflegestationen sind darum bemüht, die Eltern ihr Kind besuchen und auch in den Inkubator hineingreifen zu lassen.

Hier sollten Sie sich mit den betreuenden Schwestern und Ärzten absprechen, damit Sie sich in den Zeiten größter Arbeitsintensität auf der Station nicht zurückgewiesen fühlen.

Oft werden junge Säuglinge in den Intensivstationen mittels

Tropflösung direkt in die Blutbahn ernährt, um Verschlucken zu vermeiden und das Verdauungssystem zu schonen. Sie sollten aber gleich fragen, ob Muttermilchernährung bald möglich sein wird, denn darauf können, ja müssen Sie sich vorbereiten.

Die Säuglingsstation

Ist Ihr Kind nicht akut gefährdet oder bedarf es nur einer etwas engeren Überwachung, so wird es auf einer der üblichen Säuglingspflegestationen aufgenommen werden. Dort muß es zwar auch gelegentlich im Inkubator gepflegt werden, oft liegt es aber im normalen Säuglingsbett. Dort können Sie es besuchen, füttern, wickeln und pflegen helfen. Sollte die Mutter noch in der Geburtsklinik liegen, so übernehmen Väter diese Aufgabe mit oft bewundernswerter Perfektion. Die Schwestern oder der Kinderarzt werden Ihnen erklären, wenn Sie wegen einer Störung etwas Besonderes zu beachten haben.

Wenn Sie Ihr Kind selbst besuchen können, wird sich ein Raum zum Stillen finden, wenn Sie es wünschen. Bis dahin kann schon die abgepumpte Milch Ihrem Neugeborenen von Nutzen sein, wenn es die zugrundeliegende Krankheit erlaubt.

Die Frühgeborenenstation

Etwa sieben Prozent aller Neugeborenen wiegen weniger als 2 500 Gramm. Die meisten von ihnen wurden vor der 37. Schwangerschaftswoche geboren, nur ein Teil wurde normal lange getragen, war aber im Mutterleib nicht richtig gediehen. Beide Gruppen von Kindern bedürfen einer besonderen Pflege. Während untergewichtige Säuglinge zwischen 2 000 und 2 500 Gramm häufig noch auf normalen Säuglingsstationen versorgt werden können, sind die kleinsten (ab etwa 600 bis 2 000 Gramm) fast immer auf einer Spezialstation für Frühgeborene untergebracht.

Viele von ihnen werden in den ersten Tagen auf der Intensivstation beobachtet, bis die akute Gefahr gebannt ist, und dann auf die Frühgeborenenstation verlegt. Auch hier können Sie Ihr Kind besuchen. Sie sollen es sogar, denn es wird länger in der Klinik bleiben müssen, und Sie dürfen sich nicht entfremden.

Während man lange Zeit glaubte, Muttermilch reiche für das rasch wachsende Frühgeborene nicht aus, ist man heute zur Muttermilchernährung der Frühgeborenen zurückgekehrt, um die Vorteile der Muttermilch für Verdauung und Infektabwehr zu nutzen (siehe auch Seite 18). Allerdings können Sie ein unreifes Kind nicht an die Brust nehmen. Der Saugakt verlangt zuviel Kraft, und wenn das Kind sich verschluckt, kann das die Gesundung beeinträchtigen. So muß die Milch abgepumpt werden. Das ist eine mühsame Sache, aber sie lohnt sich.

Wie schon auf Seite 29 f. erwähnt, können Sie schon bald beginnen, Ihr Kind zu stillen. Grundsätzlich gilt: Ist das Kind in der Lage, aus der Flasche zu trinken, kann es auch an der Brust gestillt werden.

Das Abpumpen der Muttermilch

Wird Ihr Kind in die Kinderklinik verlegt, so lassen Sie sich bitte nicht einfach zum Abstillen verleiten! In manchen Kliniken wird das voreilig und automatisch gehandhabt. Erkundigen Sie sich genau, ob nicht Ihre Milch nach einigen Tagen ein wichtiger Bestandteil für den Heilplan sein könnte. Wenn ja, dann gibt es einiges zu organisieren:

Sie müssen rechtzeitig beginnen, sich auf das Abpumpen einzustellen. Sie sollten den Frauenarzt und die Schwester darum bitten, Ihnen eine elektrische Milchpumpe zur Verfügung zu stellen. Die elektrischen Milchpumpen haben gerade in der Klinik den Vorteil, daß sie einfach zu bedienen sind und die Brust beim Abpumpen mit elektrischen Pumpen eine recht gute Ergiebigkeit zeigt.

Sie sollten wissen, daß im allgemeinen die Krankenkassen die Leihgebühren für elektrische Milchpumpen bezahlen. Schließlich läßt sich fast immer ärztlich begründen, daß die Ernährung mit Muttermilch geeignet ist, die Krankheitsdauer bei Ihrem Kind zu verkürzen. Dann willigen auch die Kassen in die Zahlung der Pumpenmiete ein.

Lassen Sie sich von den Schwestern in die Technik des elektrischen Pumpens einweisen! Überzeugen Sie sich, daß Ihr Kühlschrank zu Hause die geforderte Temperatur von 4° C einhält.

In der Not können Sie sich mit einer Handpumpe, die in der Apotheke erhältlich ist, helfen oder die Brust sogar mit der Hand ausstreichen.

Sie sollten in der Kinderklinik, in der Ihr Kind versorgt wird, über das Anliefern der Muttermilch nachfragen. Viele Kliniken haben ihre eigenen Richtlinien, wie lange Sie Ihre Milch im Kühlschrank aufbewahren dürfen, bevor sie an Ihr Kind verfüttert wird. Einheitliche Richtlinien hierfür gibt es noch nicht. Haben Sie bitte auch Verständnis, wenn die Klinik zur Sicherheit für Ihr Kind Ihre Milch durch ein bakteriologisches Untersuchungsamt überprüfen läßt. In fast allen Kinderkliniken wird ein bakteriologischer Schnelltest an jeder eingelieferten Milchprobe durchgeführt, um sicherzustellen, daß die Zahl und die Art der Bakterien, die in jeder abgepumpten Milchprobe zu finden sind, Ihrem Kind keinen Schaden zufügen.

Im allgemeinen wird akzeptiert, daß nach dem Abpumpen rasch abgekühlte Muttermilch einmal täglich in die Kinderklinik gebracht wird, damit sie nicht älter als 24 Stunden ist. Vielleicht können Sie ganztägig oder stundenweise bei Ihrem Kind in der Klinik sein. So können Sie schmusen und auch stillen „lernen". Nutzen Sie die Unterstützung durch das Pflegepersonal! Sollte es Ihnen, trotz guten Willens und vielen Bemühungen, nicht vergönnt sein, Ihr Kind zu stillen, so können Sie sicher sein, daß Sie mit dem Abpumpen Ihrer Milch Ihr Möglichstes getan haben.

Hilfe bei Problemen

Es ist eingangs schon mehrfach erwähnt worden: Stillen ist ein Lernprozeß! Man kann so viele Broschüren gelesen haben, wie zu finden waren: Gerade Ihr Kind ersinnt vielleicht etwas Neues und stellt Sie vor neue Probleme. Wer soll Sie beraten? Wer bereitet Sie vor?

Stillaufklärung soll früh beginnen!

Die Vorbereitung auf das Stillen könnte schon in der Kinderzeit beginnen. Wo es nicht in der Familie auf natürliche Weise geschieht, könnten Schulbücher ein wenig nachhelfen; das Kapitel „Stillen" ist im allgemeinen auf einige spärliche Hinweise beschränkt. Schwangere Frauen, die stillen wollen, sollen diesen Wunsch ihrem Gynäkologen mitteilen und sich frühzeitig nach einer stillfreundlichen Entbindungsklinik umsehen. Ärzte in der Schwangerenvorsorge sollten aber auch zum Stillen motivieren, sie sollten über die Vorteile des Stillens aufklären und ihre Unterstützung anbieten.

Hebammen und Kinderschwestern

Von großem Einfluß auf das Stillen können die Persönlichkeit, die Hilfsbereitschaft, die praktische Erfahrung und der ständig ermutigende Zuspruch der Hebamme oder der Kinderschwester sein. Sie werden gelegentlich feststellen, daß das Personal einer großen Klinik nicht immer gleiche Meinungen vertritt. Achten Sie darauf, wer Ihnen am ehesten „liegt". Sie müssen sich dann eben Ihre Fragen aufheben, bis die nächste oder übernächste Wechselschicht die Ratgeberin Ihrer Wahl wieder zu Ihnen führt.

Der Vater

Über die große Bedeutung des Vaters für den Stillerfolg haben wir bereits gesprochen. Die freundliche Ermunterung durch den Vater, eine kleine Freude oder eine unerwartete Hilfe können sich nicht selten in manch zusätzlichem Milliliter Milch niederschlagen.

Die Rolle der Industrie

Untersuchungen in anderen Ländern haben gezeigt, daß die Industrie, die Säuglingsfertignahrung herstellt, es verstanden hat, für lange Zeit der wichtigste Berater der Mutter zu sein, was die Ernährung des Säuglings anbelangt. Mit gut ausgestatteten Broschüren stieß die Industrie in eine Lücke vor, die durch das Fehlen jeglicher „Stillpropaganda" entstanden war. Für die stillende Mutter stellt aber die Werbung für industriell hergestellte Säuglingsmilchen eine ständige Verunsicherung dar, und das nicht nur in den konsumorientierten Ländern der westlichen Welt, sondern in weitaus stärkerem Maße in den Ländern der Dritten Welt. Hier sind die Folgen von reichlicher Propaganda für Muttermilchersatzprodukte und von unzureichenden finanziellen und hygienischen Voraussetzungen der Verbraucher verheerend, beides zusammen wirkt sich direkt auf die Säuglingssterblichkeit aus.

In der Bundesrepublik Deutschland hat sich die diätetische Lebensmittelindustrie bereit erklärt, einige Werbebeschränkungen anzuerkennen. Hierzu gehört, daß nur eine mengenmäßig begrenzte Säuglingsnahrungsprobe, und zwar jene, die die Mutter in der Klinik zur Zwiemilchernährung verwenden müßte, mit nach Hause gegeben wird und daß keine Beikostwerbeproben übersandt werden, bevor der Säugling drei Monate alt ist.

Die Aushändigung von Proben in der Entbindungsklinik unterliegt sehr stark dem Einfluß und Interesse des Chefarztes. So gibt es manche Entbindungsklinik, die überhaupt keine Milchproben an stillende Mütter aushändigt, um keine Verunsicherung hervorzurufen.

Als Maßnahme gegen die Auswüchse von Werbung und Vertrieb industriell hergestellter Säuglingsnahrung hat die Weltgesundheitsorganisation (WHO) im Mai 1981 ihren Mitgliedsländern empfohlen, Werbung zugunsten künstlicher Säuglingsnahrung zu verbieten. Ob und in welchem Maße diese Empfehlung des „WHO-Kodex für die Vermarktung von Muttermilchersatzprodukten" befolgt wird, liegt im Ermessen der Regierungen der einzelnen Länder.

In der Bundesrepublik sind neben den Stillgruppen weitere Gruppen aktiv daran interessiert, daß die Empfehlungen des WHO-Kodex eingehalten werden. Wenn Sie mehr darüber wissen möchten, wenden Sie sich bitte an:

Aktionsgruppe Babynahrung (AGB) e. V.
Reinhäuser Landstraße 80
37083 Göttingen

Hier gibt man Ihnen gerne Auskunft über den Stand der Dinge und weitere Maßnahmen dieser Organisation.

Arbeitsgemeinschaft Freier Stillgruppen

Damit Mütter und Kinder überhaupt in den Genuß der langfristigen Vorteile des Stillens kommen, ist das Stillenkönnen als Grundlage von Stillerfolg notwendig. Und da dieses Stillenkönnen nicht mehr als natürliche Fähigkeit vorausgesetzt werden kann, gehören zum erfolgreichen Stillen Vorbereitung und Informationen über: die Bedeutung der Muttermilch in der Ernährung des Säuglings, die Bedeutung des Stillens für die Mutter-Kind-Beziehung und die Vermittlung von „technischem Know-how", die Praxis des Stillens.

Hier leistet die Stillgruppe einen wichtigen Beitrag, sowohl in der Vorbereitung auf die Stillzeit als auch in der Beratung und in der Hilfe-zur-Selbsthilfe während der Stillzeit. In der Stillgruppe sehen schwangere Frauen, wie Mütter ihre Kinder stillen, hier erhalten sie Antwort auf ihre Fragen, und viele lösen sich schon durch das Gespräch mit Frauen, die das, worüber sie sprechen, auch selbst erlebt haben.

Mit dem Ziel, das Stillen wieder zu einer Selbstverständlichkeit werden zu lassen, wurde 1980 die Arbeitsgemeinschaft Freier Stillgruppen (AFS) gegründet. Die in der AFS zusammengeschlossenen Stillgruppen sind Selbsthilfegruppen und arbeiten in Eigenverantwortung, immer gemessen an den örtlichen Gegebenheiten und den Bedürfnissen der Mitglieder. Diese Gruppen sind keine geschlossenen Gesprächskreise, sondern jedes Gruppentreffen ist für alle Interessierten offen. Natürlich sprechen die Stillgruppen in erster Linie junge Eltern an, wenden sich aber auch an alle Berufskreise, die mit jungen Eltern zu tun haben, um sie mit den aus der Erfahrung gewonnenen praktischen Aspekten des Stillens vertraut zu machen.

Alle in den Stillgruppen der AFS arbeitenden Frauen sind jederzeit bereit, telefonisch oder auch schriftlich Beratung bei möglichen Stillproblemen zu geben. Die Fachleute im „Medizinischen Arbeitskreis der AFS" erteilen Auskunft zu allen medizinischen Problemen beim Stillen sowie zu Medikamenten während der Stillzeit.

Alle diese Frauen arbeiten ehrenamtlich, ohne großen Verwaltungsapparat im Hintergrund. Durch einen monatlich erscheinenden Informations-Rundbrief der AFS sind sie jederzeit auf dem neuesten Stand und erweitern ständig ihr theoretisches Wissen um die Muttermilch und das Stillen. Dieser Rundbrief rund ums Stillen kann von allen Interessierten bei der AFS abonniert werden.

Die Arbeitsgemeinschaft Freier Stillgruppen ist seit ihrer Gründung stetig gewachsen, ein Zeichen für das Bedürfnis junger Eltern nach Unterstützung durch Stillgruppen, sicher aber auch ein Beweis dafür, daß in diesen Gruppen die Selbsthilfe, die Hilfe-zur-Selbsthilfe und die Beratung in ausgewogenem Verhältnis und erfolgreich praktiziert werden.

Über 400 Stillgruppen sind zur Zeit im Adressenverzeichnis der AFS aufgeführt. Eine Gruppe ist bestimmt auch in Ihrer Nähe! Wenn Sie Hilfe bei Stillproblemen brauchen oder durch eine Stillgruppe Sicherheit oder Rückenstärkung in Ihrem Stillverhalten wünschen, schreiben Sie zur Vermittlung der nächstgelegenen Stillgruppe an:

Arbeitsgemeinschaft Freier
Stillgruppen (AFS)
Bundesverband e. V.
Postfach 31 11 12
76141 Karlsruhe

Dort können Sie auch Broschüren zu unterschiedlichen Stillthemen anfordern.

Bitte fügen Sie Ihren Anfragen einen frankierten Rückumschlag bei, da die AFS nicht über Eigenmittel verfügt. Auf Wunsch werden Kontakte vermittelt mit Frauen, die Erfahrung in speziellen Situationen haben, zum Beispiel Stillen nach Kaiserschnitt, Stillen von Zwillingen, Stillen von frühgeborenen oder behinderten Kindern, Stillen nach Brustoperationen. Es können auch Adressen von Stillgruppen in anderen Ländern Europas oder weltweit vermittelt werden.

Auskunft und eine Reihe von Informationsblättern zum Stillen erhalten Sie auch bei der

La Leche Liga Deutschland e. V.
Postfach 96
81214 München

Die La Leche Liga ist Teil einer internationalen Organisation, die mit dem Ziel arbeitet, durch Stillen die Mutter-Kind-Beziehung zu fördern. In Serien von jeweils vier Treffen mit festgesetzten Themen geben die LLL-Gruppen Müttern Informationen, Ratschläge und Unterstützung im Hinblick auf das Stillen.

Register

Mein Kind ist krank – so hilft die Natur

Von Dr. med. H. Wachtl – 160 S.,
durchgehend vierfarbig, gebunden
ISBN: 3-8068-**4761**-4
Preis: DM 39,90

Von der Familienplanung bis zum
Schulbeginn reicht die Themenpalette
dieser Ratgeberreihe für Eltern und
solche, die es werden wollen. Schwer-
punkte sind Schwangerschaft und Geburt, Pflege, Entwicklung und Erzie-
hung.

Weitere FALKEN ElternRatgeber:
1612-3 Mein Baby entdeckt die Welt
1613-1 Keine Angst vor Trotzköpfen
1614-X Mein Kind muß ins Kranken-
haus
1615-8 Das hyperaktive Kind

Alle vier Titel sind durchgehend vierfarbig, kartoniert und kosten **DM 19,90.**

Wie soll es heißen?

Von D. Köhr – 100 S.,
11 Zeichnungen, kartoniert
ISBN: 3-635-**60067**-9
Preis: DM 9,90

Oft fällt es Eltern schwer, sich auf
einen Namen für ihr Kind zu einigen.
Der Ratgeber möchte Ihnen mit Informationen über die Bedeutung sowie
den Ursprung der Vornamen und
einem Namensverzeichnis von A-Z
bei Ihrer Entscheidung helfen.

Die Kunst des Stillens

Von Prof. Dr. med. E. Schmidt,
S. Brunn – 110 S., 6 s/w-Fotos,
11 Zeichnungen, kartoniert
ISBN: 3-635-**60084**-9
Preis: DM 12,90

Durch Stillen können Sie Ihr Kind
gesund und natürlich ernähren. Dieser
kompetente Ratgeber gibt praktische
Anleitungen und Gesundheitstips für
werdende und bereits stillende
Mütter.

Rückbildungsgymnastik

Von H. Höfler – 112 S.,
97 s/w-Fotos, kartoniert
ISBN: 3-635-**60062**-8
Preis: DM 12,90

Was geschieht im Körper der Mütter
in den ersten Wochen nach der
Geburt? Dieses Buch gibt Antwort auf
viele Fragen und das abwechslungs-
reiche Übungsprogramm zeigt, wie
jede Frau durch eine gezielte Gymnastik die Rückbildungsprozesse ihres
Körpers fördern kann.